解决学生人体健康经常遇到的问题

郝克云◎编著

青少年在成长过程中难免遇到这样或那样的问题，本书以青少年为对象，从身体健康方面提出了青少年可能遇到的问题，并帮助他们学会解决这些问题。

中国出版集团
现代出版社

图书在版编目（CIP）数据

解决学生人体健康经常遇到的问题 / 郝克云编著
. — 北京：现代出版社，2011.9（2021 年 5 月重印）
ISBN 978 - 7 - 5143 - 0320 - 9

Ⅰ. ①解… Ⅱ. ①郝… Ⅲ. ①健康教育 - 青年读物②健康教育 - 少年读物 Ⅳ. ①G479 - 49

中国版本图书馆 CIP 数据核字（2011）第 146298 号

解决学生人体健康经常遇到的问题

编　　著　郝克云
责任编辑　张　璐
出版发行　现代出版社
地　　址　北京市安定门外安华里 504 号
邮政编码　100011
电　　话　010 - 64267325　010 - 64245264（兼传真）
网　　址　www.1980xd.com
电子信箱　xiandai@vip.sina.com
印　　刷　三河市人民印务有限公司
开　　本　710mm × 1000mm　1/16
印　　张　13
版　　次　2013 年 9 月第 1 版　2021 年 5 月第 8 次印刷
书　　号　ISBN 978 - 7 - 5143 - 0320 - 9
定　　价　38.80 元

前　言

“欲文明其精神，先自野蛮其体魄；苟野蛮其体魄矣，则文明之精神随之。”1917 年青年毛泽东在《体育之研究》中写的这句警句，道出了健康与文明、民族与未来的精髓。周恩来也曾说，“只有身体好才能学习好、工作好，才能均衡地发展。”也说明健康的基础性作用和重要性。

人生，最重要的就是健康。没有健康，其他的一切就都毫无意义。有种产品的广告语说得很有意思：“有健康，才有将来。”这句广告语很有道理。健康就好比是人生金字塔的塔基，没有了塔基还会有金字塔么？有谁见过半空中飘着一座金字塔？作为学生，在紧张学习的同时，往往忽略了对健康的关注，甚至有些同学一直都存在不健康的生活方式。作为民族希望的新一代，肩负着民族振兴、国家富强的重担，因此，其健康状况从小的方面讲会影响个人幸福，从大的方面讲会牵涉到整个民族的复兴大业。所以学生们不健康的生活方式和不良的饮食习惯，可以毫不客气的说是对祖国前途的扼杀。

随着现代社会的发展和各种竞争的加剧，学生们承受着日益增长的社会心理压力，他们在学习、生活、自我意识和社会适应等方面遇到种种困难和挫折，存在这样或那样的心理问题。这些都严重威胁着现代学生的心理和身体健康，为了让学生们更加关注自身的健康状况，获得直观的健康概念，了解健康的生活方式，培养健康的行为方式，本书经过细心研究和筛选，提出了108个关于人生健康的经典问题，并给出解决问题的合理方法，从而使健康变得简单。本书注重科学性和实用性，书中提出的问题具有普遍性，都是学生们在日常生活各方面经常遇到的。也有部分问题涉及医疗卫生常识，从而从技术方面给予专业支持，试图最大限度地保证学生们的健康生活。本书的宗旨就是“为学生健康成长护航”。

人生只有一次，健康不容忽视。我们愿尽最大的努力帮助学生们拥有健康，从而让学生们拥有一个美好的未来，让民族拥有一个辉煌的明天。

目 录

健康习惯

怎样科学地休息?

“不懂得休息，就不懂得工作。”这句话恐怕是众所周知的。然而，要如何休息才好，不少人就不尽了然。

休息，并不单纯指人体处于睡眠和静止状态，还包括了更广泛的内涵。比如说，整天伏案工作的人，去打打球，散散步，也算是一种休息，这种动的休息，称为“主动休息”或“积极休息”。反之，静的休息则称为“被动休息”或“消极休息”。

劳动（包括体力和脑力）——疲劳——休息——再劳动……人的一生都是如此循环不息，直至生命停止。大概世上没有不会疲劳不需要休息的人吧。人在劳动时需要消耗能量物质，同时产生较多的废物，持续一定时间，能量消耗将尽，废物积累过多时，大脑皮层会发出保护性抑制的信号，人就会感到疲劳，“该休息了！”休息时，让血液把能量物质输送到“第一线”去补充，并把废物排泄到体外去。于是疲劳消除，又可以重新劳动了。这也就是人体的“耗电”和“充电”过程。

睡眠和静坐是“充电”的一种主要方式，但不是唯一的方式。静止休息时间不足不行，但过多也不好，中医就有“久卧伤气，久坐伤肉”

的理论。脑力劳动者进行一些体力活动，体力劳动者进行一些脑力活动，也都是一种休息。在紧张的劳动之余，或漫步于林荫大道上，或旋转于舞池之中，或垂钓于湖边河畔，或活跃在绿茵场上，或浇花种菜，或观剧读诗等等，都是很好的休息，很有利于身心健康，值得提倡。鲁迅先生生前每当写作疲劳时，便停笔浏览一会儿图书报刊，他自己称之为“思想体操”，并曾写下了“聊借画图怡倦眼”的诗句。

生理学家做过一个试验，让一组受试者在右手劳动时同时活动左手，另一组则左手不动，结果后者比前者易疲劳。因此，在“时间就是金钱”的快节奏的现代生活中，用变换工作或学习内容和方式的方法，是充分利用时间、减轻疲劳、提高效率的一个好办法。

“文武之道，一张一弛。”科学地、合理地安排好劳动和休息，使之形成有规律的节奏，则是使自己身体健壮、精力充沛的又一“能源”。心脏为什么能不停地搏动，直至生命终止而不疲劳呢？就是因为心脏永远保持有规律的一舒一缩的节奏。又如：举起手臂不动，要不了几分钟，就会感到手臂酸麻难当；而比“举手之劳”要费力得多的拉锯，却可以坚持数小时，其原因也就在于前者没有节奏，而后者则有一推一拉的节奏。难怪，苏联著名的生理学家巴甫洛夫指出：“在生命的所有活动中，没有比节奏更有力量的了。”因此，我们不仅要学会“积极主动”地休息，还要学会有节奏地劳息，最忌那种“拼命干，死命玩，玩命睡”的杂乱无章的劳息方式。

如今，人类从事的劳动方式相当复杂，产生疲劳的性质也不相同，因此，要求相应采取不同的休息方式。这样已变成了一门科学。有许多人不会休息，经常自觉不自觉地犯这样或那样的过错，归纳起来，不当休息主要有以下 4 个方面：

一、休息方式不对

不同性质的疲劳，应该采取不同的休息方式来消除，否则就不会收到预期效果，甚至还可能导致原有的疲劳进一步加重，影响身体健康。

比如，由于身体肌肉劳累而引起的体力疲劳，主要表现为四肢乏力，肌肉酸痛等，这是代谢产物在血液里堆积过多，使肌肉不能继续进行有效的活动所致，消除体力疲劳的最佳方式是睡眠，其次是歇一会儿，以及听音乐、聊天、下棋、看电视等等。

二、休息过迟

人们都有这样的切身体验：长途旅行后，休息多日才能将疲劳消除。为什么会这样？原来是消除疲劳的时间与疲劳的程度呈正相关，即疲劳越重，需要消除的时间越长。连续几昼夜在列车上颠簸，睡眠严重不足，因而导致身体疲惫不堪，短时间内是难以将疲劳解除的。然而，许多人在日常生活中竟自觉不自觉地拼命或延长工作（劳动）时间，已经感觉到轻度劳累仍不休息，直至过度劳累，身体难以支持时才休息，岂不知，这时休息已为时过晚。研究结果表明，欲提高劳动（工作）效率，必须在疲劳尚未明显出现时就“提前休息”。提前休息，即勤休息才是提高工作效率和保障健康的好方法。

三、休息不足

犯这样过错的人处处可见，最常见的是睡眠时间不足以及中午休息时间短。休息的目的是消除疲劳，而消除较重的疲劳必须有足够的时间。比如，成年人劳动（工作）一白天，晚上一般都需要睡 7～8 个小时，青少年尤其是儿童则要求更多的睡眠。如果睡眠长期不足，势必影响健康。疲劳经常得不到及时消除，势必“积劳成疾”。有些人舍不得花时间去休息，认为休息是浪费时间，这乃是无知或误解。只有休息得好，才能使人精力充沛，提高工作或劳动效率。常言说得好，凡是不会休息的人，都是不会工作的人。

四、休息过度

那么，是不是休息得越多越好呢？生活中有许多喜欢多休息的“懒”

人，他们好睡懒觉，好躺沙发，很少到户外活动，而且亦很少娱乐。这种做法弊多利少。因为休息时间过久，势必导致体力活动时间减少引起机体机能减弱，久之，体质随之下降，免疫力降低，容易引起多种疾病，也是产生肥胖的重要原因，而肥胖又是各种疾病的温床。同样，大脑休息过多——总不愿意开动脑筋，不仅会导致大脑的退化，智力减退变得迟钝，而且也有害于健康。“懒人多病”、“懒人易早衰”就是这个道理。

怎样保持健康睡眠？

选择最佳的睡眠时间便可提高睡眠的质量。人的最佳睡眠时间是有一定规律性的，经过研究发现，能取得较好睡眠质量的入睡时间是晚上9点到11点，中午12点到1点半，凌晨2点到3点半，这时人体精力下降，反应迟缓，思维减慢，情绪低下，利于人体转入慢波睡眠，以进入甜美的梦乡。

为了获得较好的睡眠效果，提高学习效率，我们应该养成良好的睡眠习惯。下面是保持健康睡眠的10个建议：

一、守时

保证完美睡眠的最佳方式乃严格守时。为保持你生物钟的同步性，不论睡得多长或是多短，请你每日于同一时间起床。尽量遵守睡眠时间。若你周五和周六晚至次日凌晨才睡觉，你也许会患上“周日失眠症”。星期一早早上床，两眼放光，极力入睡却无能为力。你越是努力，越感疲乏。当旅行或学习打破日常生活的规律，你应尽量保持定时进餐和睡眠的习惯，并尽早恢复日常作息时间。

二、定时运动

运动可通过缓解白天所累积的紧张并使得身心放松而增进睡眠。常参加体育锻炼者比不常锻炼者睡得更好更深，但你不必刻意追求过度疲劳。每周至少3天，每次20~30分钟的散步、工作、游泳或骑车应是你的目标——有益于心血管的最低限度。但是别等到太晚才运动。晚上你应静下来而非锻炼出汗。别指望清晨的锻炼对白天累积的紧张神经有任何影响。理想的运动时间是下午晚些时候或傍晚早些时候，此时体育锻炼可帮助你从白天的压力调整到晚上的愉快。

三、减少兴奋剂的摄入

北美洲人除每天喝掉4亿杯咖啡，还从茶、可乐、巧克力中获取过量咖啡因。其中部分人对小剂量的咖啡因都会十分敏感，而另一些人已无多大感觉。若你爱喝咖啡，请在上床前8小时以前喝一天中最后一杯咖啡。其兴奋作用将在2~4小时后达到顶峰，并还将持续几小时。晚上摄入咖啡因使你更难入眠，不能深睡并增加醒来的次数。然而咖啡因并非唯一影响睡眠的食物。在巧克力及奶酪中发现一种洛氨酸可引发夜晚心悸。减肥药片含有使你清醒的兴奋剂，其他药物或药物反应也会影响睡眠。所以若你拿到药方或拿药时，请问清医生它们是否会影响睡眠。

四、良好的卧具

正如你滑雪时需要好的雪屐，你睡眠时同样需要好的卧具。好的卧具可助你入睡，睡好，并防止睡眠时损伤颈、背。请从选择好的床垫开始。羽绒制品使你更舒适并比传统卧具轻巧。

五、追求质量，而非数量

6小时的优质睡眠比8小时的低质睡眠使人体得到更好的休息。把睡眠时间严格控制在所需范围内，加深睡眠；而断断续续打几小时的盹导致断断续续的浅睡。请别认为你必须躺8小时，若5小时可使你充足电，那么暗自庆幸吧。你不是失眠患者，而是天生的短时睡眠者。

六、傍晚时分，丢开一切计划

若你躺在床上思考当日所做的事情或次日应做的事情，那你应该在上床前处理完这些分心的事情。列出清单，以便于你不致感觉必须时时提醒自己该做的事。写出你的焦虑或担忧及可能的解决之道。若白天的烦恼伴你上床，那么告诉自己你将在次日的“担忧时间”内处理这些分心事。

七、别在太饱或太饿时上床

晚上的一顿大餐迫使你的消化系统超时工作，你虽感困倦，却极可能彻夜辗转难眠。避免吃花生、大豆、水果或蔬菜，它们会产生气体。别吃快餐，它们需要长时间来消化。若你在节食，别在饥饿时上床。咕咕叫着的胃像其它身体不适一样会整夜防碍你安静下来，难以入睡。睡前请吃低卡路里食物，如香蕉或苹果等。

八、建立“睡眠仪式”

在你入睡前，抛开清醒时的一切烦恼。即便是儿童也发现重复一些活动——如每晚的祈祷或读故事书容易使人入睡。“睡眠仪式”可依据个人喜好或繁或简，可始于轻轻地舒展身体来松弛肌肉或冲个热水澡。或许你喜欢听听音乐或者翻翻不具恐怖色彩的书。但是不管你选择哪种方式，请记住每晚做同一件事，直至其成为你身体夜间休息的暗示。

另外，睡眠姿势很重要，科学的睡姿应当是全身自然放松，向右侧卧，微屈双腿。这种卧姿有下面两个好处：

（1）向右侧卧，能使腹部右上的肝脏获得较多的供血，从而有利于促进人体的新陈代谢；还有胃通向十二指肠及小肠通向大肠的开口都向右开，向右侧卧时，能使胃肠内的食物更顺利地流动，从而有利于胃肠对食物的吸收。

（2）微屈双腿、向右侧卧睡不仅能使胸腔偏左的心脏减轻负担，又能使较多的血液流向身体的右侧，从而不至于压迫心脏。

怎样科学地锻炼？

锻炼身体是为了增进健康，全面发展身体，以求增强体质。科学锻炼身体的原则，其本质在于有效地去发展身体，增强人的体质，离开了这一点，就谈不上什么原则。根据这一点，科学锻炼身体的原则有渐进性原则、反复性原则、全面性原则、意识性原则及个别性原则。

一、渐进性原则

“进”就是前进、发展、提高，而不是停留在一个水平上，是逐步地、依次地、循序地变化，而不是突然或急剧的变化。渐进性原则是根据体质增强的规律对应用各种体育手段去锻炼身体的过程所确定的规矩。科学锻炼身体过程中，最本质的是运动负荷的问题，渐进不是说天天地、每次地平均增大负荷量，而是按照人体对运动的适应性变化，根据超量负荷的要求，有计划地增大运动负荷。一定的运动负荷量，对身体作用一定次数和时间之后，才能引起身体的适应，然后再逐步增大运动负荷，使身体产生新水平的适应，最终达到增强体质的目标。渐进性原则就是按照这个适应性变化，有阶段地调整运动负荷的锻炼方法。

二、反复性原则

“反复”是一次次重复的意思。反复性原则是指运用各种手段锻炼身体的过程，具有一次又一次，多次重复的特性。经验告诉我们，在锻炼身体中，只练习几次对人的作用不大，只有多次练习到一定程度时，才能对身体产生良好的作用，而反复次数过多，也会对人体带来副作用。因此，反复是有规律、有限制的重复，是锻炼身体的又一个规矩。反复中要遵循哪些要求呢？首先是运动和间歇相结合，既要有充分的运动，又要有适当的休息。这并不是说，一次运动后必须有充分的休息，而是可以在几次或几天运动没得到充分休息时，给以更加充分的连续休息。其次是在周间、月间、年间、数年间都要连续不断地进行体育锻炼。中学阶段应每日参加体育锻炼，切不可三天打鱼两天晒网。

三、全面性原则

人的身体是一个整体，要想增强体质，就必须使构成人体的各局部都得到锻炼和发展。具体说就是要使身体各部分（如头颈部、躯干部、四肢）、各器官系统（如心血管、肺、神经、胃肠等）功能、身体各种素质以及人体各种基本活动能力都得到发展。有些人认为全面性只是指大肌肉群的活动，这是片面的看法。体质的强弱是涉及构成人体各有关局部的发展，就是一个不会危及生命的小局部不健全，也会对整体带来不良影响。例如，牙齿坏一个并不危及生命，但它却会给健康造成不良影响，所以古人健身就有“熨面叩齿”之法。青少年正处于快速发育时期，更需注意对身体的全面锻炼，且不可单凭兴趣去参加某一种活动而放弃全面性原则。

四、意识性原则

意识性原则是指要有意识地从增强体质出发去进行锻炼，而不是盲目地或无目的地乱练一气。人的活动除了有机体的自律活动和反射活动之外，所有的随意活动都伴随着一定的意识。盲目性不是无意识，而是意识不清、意识程度浮浅、意识的指向性错误。增强体质的意识与竞技比赛意识有极大区别，在科学锻炼身体的过程中，要把意识指向发展身体，增强体质的目标，而不能指向单纯提高运动竞赛成绩和夺标上。有些青少年把参加体育锻炼的意识指向比赛、指向娱乐，而把增强体质看作是练习过程中自然可达到的结果，这就收不到发展身体、增强体质的效果。所以，在参加体育锻炼过程中，每一个人都要增强和树立起正确的意识性。

五、个别性原则

个别性原则是指在锻炼过程中，要根据个人的特点去安排锻炼的方法、内容和运动负荷。每个人的体质都有各自的特点，只有针对这个特点去锻炼才能收效，所以，这个原则就是要求按个人特点选择手段和运用方法的一条规矩。要贯彻这一原则，需要对自身有一个了解，这就需要对身体的形态、机能、素质和运动能力等进行测量和评价，在取得一定数据的基础上，作出自己应该选择的锻炼方法。例如，一个学生心肺功能较差，跑的能力不强，他就可以针对自身的弱点，在锻炼中增强这方面的内容。

怎样利用运动减肥？

青少年各年龄期是身体发展的最佳时期，如果过于肥胖不仅影响健美，而且对健身强体也是不利的。一位美国学者指出，肥胖是脂肪问题，而非体重问题。肌肉发达的人，同样能增加体重，而其体内可能只有少量的脂肪。用单纯节食的方法虽然也能减轻体重，但在所丧失的体重中，非脂肪组织丧失占65%，而脂肪丧失只占35%，由此表明，单纯的节食还是不能达到减肥的目的。如果过分节食而忽视保持健康所必须的能量供应和营养，会引起营养不良，造成身体抵抗力下降，从而损坏健康。

对于正处在长身体时期的学生来说，清除脂肪，增长肌肉的最佳途径是进行有氧运动。也就是根据自己体质的强弱、肥胖的原因进行低强度、中密度、长时间的身体锻炼，适当控制饮食，可达到消耗体内多余脂肪，增长肌肉的目的。

怎样进行锻炼呢？在运用身体锻炼进行减肥时可考虑以下几点：

一、消耗能量物质

实践证明，耐久力锻炼，主要动用的是脂肪，可采用走、跑、跳、投、攀登、爬越、跳绳等项目训练，只要能持续20分钟以上的运动，就可达到消耗能量物质的作用。当然，运动一次消耗不了多少脂肪，但天长日久就会起到明显的效果。在摄入热量保持不变的情况下，每次进行20～30分钟或1小时的行走，一年内可减少13～23磅脂肪。运动引起脂肪减少的量与活动的持续时间、强度成正比，在进行同样强度的运动时胖人比瘦人消耗的脂肪要多，因为胖人做功较多。

二、加强专门性训练

对脂肪较多的身体部位，可针对个人情况选择一种专门性的项目练习，如消除腹部过多的脂肪，可仰卧在地、长凳、斜板、床垫上做仰卧起坐；双臂支撑椅背或墙，用力向后上方或两侧摆腿；双臂俯撑，双腿交叉前顶；双手叉腰站立，两腿交替屈膝向上抬起；双手握杠，悬垂，向上举腿，反复做体前屈。适合女孩子做的有俯卧撑、仰卧起坐、体后屈，两手握住双脚背尽量挺胸做结环动作等。以上这些练习对消除腹部脂肪的作用都比较好。

三、加强力量素质练习

运动实践证明，肌肉的发达一般都是以发展力量素质去实现的，锻炼内容可采用游泳、爬山、定时跑、长跑、跳绳、徒手操、武术等，但采用体操项目练习效果会更好，如反复地做双手推墙、推树、俯卧撑、带器械的拉力、哑铃、杠铃、石担、石锁、单杠上的引体向上，双杠上的正撑举腿或摆腿屈伸、爬竿等，另外健康情况较好的学生在走跑中，可有意识地增大动作幅度和加大步幅，提高大腿前摆高度，加大髋关节的柔韧和灵活性，这都可以达到消除脂肪和增加肌肉的目的。但是在锻炼中要注意身体各部分肌肉群和谐发展，把发展力量和柔韧结合起来，发达大肌肉和小肌肉群结合起来，上肢和下肢、胸肩和腰腹肌各部分的专项锻炼，都要结合起来，特别要注意发达肌肉和形体姿态美结合起来。总之要从实际出发，选择容易做到又有实效的项目，针对性强、目标明确、持之以恒、循序渐进，适当控制饮食，定会达到健美、减肥的理想的目的。

怎样保护好皮肤？

皮肤是人体的第一道防御屏障，皮肤的作用在于保护躯体，抵御外来有害物质的入侵和伤害；通过散热和保温调节体温；感受外来的冷热痛痒，协助大脑活动；分泌脂排泄废物等等。

青春期的少男少女正处于生长发育的迅猛阶段，皮肤也开始发生变化，特别是少女，由于卵巢分泌的雌激素增加，使得皮肤格外柔嫩、光滑、富有弹性。但是由于青春期皮肤的皮脂腺分泌旺盛，而容易出现一些皮肤炎症，如痤疮、湿疹等，影响皮肤健美。因此青少年也应该注意保护皮肤。

人的皮肤大致有 3 种类型：

一、干性皮肤

面部皮脂较少，肤色白洁细嫩，但经不起营养和环境的变化、情绪的刺激，易干燥起皱而显衰老，此类型皮肤要特别注意保养。

二、油性皮肤

油脂分泌多，面部常常油光发亮，毛孔粗大明显，皮肤粗糙，但是能经得起风吹日晒的刺激，不容易起皱衰老，却容易吸尘而导致痤疮和其他皮肤炎症。

三、中性皮肤

介于干燥和油性皮肤之间，对外界的刺激有一定的抵抗力。

同学们可用下面方法鉴定自己的皮肤属性：睡前用香皂将脸洗干净，不擦护肤品。次日起床后用餐巾纸在前额和鼻梁两侧轻擦，如餐巾纸没有油迹表明你是干性皮肤，有一点油迹是中性皮肤，油迹很多则是油性皮肤。

了解了自己的皮肤属性，可以从以下几个方面进行皮肤保护：

一、清洗皮肤

皮肤覆盖在身体的表面，将大量外来入侵的细菌灰尘拒之门外，加上皮肤自身也在不停新陈代谢，每天都会有200万个表皮细胞脱落出来，所以清洗皮肤是保护皮肤最基本的方法。有条件的同学要每天洗澡，洗澡时间为5~10分钟，能冲掉皮肤表面的汗液、灰尘即可。面部是一个人暴露皮肤最多的部位，需要重点清洗。每日洗脸3次，早晨和中午用冷水冲洗，睡觉前用温水和洗面奶或香皂将灰尘和油脂彻底洗干净。长有痤疮者应均用温水洗脸，因温水有溶解皮脂的作用。

二、注意饮食营养

一个人的皮肤宛如一面镜子，折射出身体健康状况和营养状况，特别是面部皮肤对营养素的敏感度极高，一旦缺乏某种营养，便会暴露出症状。如缺乏蛋白质和脂肪，皮肤就变得粗糙灰暗，缺乏维生素A，面部会出现浮肿，口角溃烂等。由此可见，饮食与皮肤健康息息相关。青少年不要养成偏食的习惯，要根据自己的皮肤类型确定自己的饮食结构，如油性皮肤可以多吃蔬菜水果等大量含有维生素的食品；干性皮肤可适当摄入高脂肪食物，使皮肤保持光泽。另外，常饮水也是保养皮肤的方法，每天要喝4~6杯白开水，以保证皮肤湿润光艳。

三、适当使用护肤品

青少年皮肤中的皮脂腺分泌旺盛，应少用护肤品，如果需要使用，一定要挑选符合自己皮肤类型的护肤品。如干性皮肤可以选用富含油脂的洗面奶，洗脸后擦上一层含油脂较多的营养乳液，轻轻按摩，可以滋润皮肤，防止干燥；油性皮肤者可选用清洁霜洗脸，两三天用一次磨砂膏彻底清除毛孔内的污秽和皮脂，去除角质层，洗脸后涂上收缩水，促使毛孔收缩，皮肤光洁。另外，初用一种护肤品时要细心观察皮肤的反应，以确定是否继续使用。适当使用护肤品会使皮肤锦上添花，更有魅力。

四、睡眠充足

有的同学有熬夜的习惯，每天睡眠不足 8 个小时。睡眠不足会引起精神不振、皮肤松弛、面容憔悴、眼圈出现黑晕等症状。

怎样正确地洗脸、洗手？

洗脸是人每天都要做的事，但洗脸不是一项简单的例行公事，它的方法的正确与否决定着你皮肤的好坏程度，假如你在乎自己的肤质，就该好好认真对待洗脸这项既简单又复杂的工程了。

我们的脸部有一层保护膜，就青少年而言，洗脸时只需用清水冲洗即可，无须使用任何洗面产品。如果喜欢用清洁用品，那么就要注意以下事项。

首先是选择清洁用品，应该要选择清洁性适中的产品，若过度洗去油脂，常常会造成皮肤太过干燥和敏感。当发现脸部出现发红、脱皮，对于平常惯用的保养品也会过敏时，就要检查一下洗脸用品是否太过刺激，否则过度清洁不但无益于肌肤健康，过于干燥的肌肤还容易生成小细纹。

而一般人常有错误的观念，以为洗面皂比洗面乳洗得更干净，其实发泡性并不等于清洁力。清洁产品的形态很多，不论是洗面乳、固态的洗面皂、凝胶与慕斯等清洁用品，并无法单就清洁产品形态的不同来区分清洁力的强弱，泡沫的多寡或泡沫触感的绵细与否也与清洁力或刺激性并无直接相关，所以，依清洁产品的成分来区分清洁力的强弱才是正确的方式。有时过多的泡沫可能是皂性或介面活性剂太强，甚至会对肌肤产生伤害。

夏天天气热，容易出汗，汗水会带出较多油脂分布到脸上，而这正是青春痘生成的原因。预防青春痘生成可从基础的洗脸做起，所以油性肌肤可选择清洁力中等的洗脸产品，一天最多使用洗面剂洗脸 3 次。如果真的油脂太多，可以用温水洗脸，降低油腻，温水洗净后再用冷水泼一泼收敛毛孔。但还是要小心不要清洁过度，否则表皮的弱酸性保护膜被洗净，抵抗力变差使细菌容易侵入，痘痘可能因此更猖獗。

身处炎热的亚热带气候，大部分的人都是混合性的肌肤，洗脸时可从较油的 T 字部位洗起，动作要轻柔，不要过度按摩，免得刺激肌肤。使用洗面乳清洁脸部肌肤时，可将洗面乳在干净的手掌中搓揉起泡后，均匀按摩至脸上，让洗面乳在脸部停留 1～2 分钟就可冲洗干净，洗得太久反会造成过度清洁的反效果。

许多人以为用热水洗脸才干净，其实是很不正确的观念。洗脸时的水温以微温或冷水较为适当，水温过高会刺激油脂的分泌，反而造成越洗越油的反效果。冷水洗脸对皮肤健康是很好的，可以骤然收紧毛孔，缺点是不利于清洁毛孔，但皮肤会比较光滑。

接下来我们说一说洗手。手是人体的“外交器官”，人们的一切“外事活动”，它都一马当先，比如从事各种劳动、倒垃圾、刷痰盂、洗脚、穿鞋等，都要用手来完成。因此，手就容易粘染上许多病原体微生物。

有 10 种情况要洗手：饭前饭后；便前便后；吃药之前；接触过血

液、泪液、鼻涕、痰液和唾液之后；做完扫除工作之后；接触钱币之后；接触别人之后；在室外玩要沾染了脏东西之后；户外运动、作业、购物之后；抱孩子之前；与患者接触后、接触过传染物品的更要经过消毒反复洗；触摸眼、口、鼻前要洗手；戴口罩前及除口罩后应洗手；接触公用物件如扶手、门柄、电梯按钮、公共电话后要洗手；从外面回家后要洗手。

那么，如何正确地洗手呢？打开水龙头后，流动的水冲洗手部，应使手腕、手掌和手指充分浸湿；打上肥皂或洗涤液，均匀涂抹，搓出沫儿，让手掌、手背、手指、指缝等都沾满，然后反复搓揉双手及腕部。整个搓揉时间不应少于30秒，最后再用流动的自来水冲洗干净，直至手上不再有肥皂沫儿为止。一般情况下，应照此办法重复两到三遍，以保证把全部脏东西去除。触摸过传染物品的手，洗时更要严格消毒，至少应照此办法搓冲五至六遍，使“保险系数”更大一些。再用清水冲洗，冲洗时把手指尖向下，双手下垂，让水把香皂泡沫顺手指冲下，这样不会使脏水再次污染手和前臂。

在这个过程中，有3个环节不能忽视：①要注意清除容易沾染致病菌的指甲、指尖、指甲缝、指关节等部位，务必将其中的污垢去除。②要注意彻底清洗戴戒指等饰品的部位，因为这样的地方会使局部形成一个藏污纳垢的“特区”，稍不注意就会使细菌“漏网”。③注意随时清洗水龙头开关。因为洗手前开水龙头时，脏手实际上已经污染了水龙头开关。开关处也要用手打上肥皂沫儿摩擦一会儿，再用双手捧水冲洗干净，然后再关水龙头。如果用的是“脚踏式”或“感应式”开关，则省事多了。

手洗净后，一定要用干净的个人专用毛巾、手绢或一次性消毒纸巾擦干双手，并勤换毛巾。如果用脏毛巾或脏手绢，甚至用衣襟擦手，实际上会造成“二次污染”。有的洗手间置有“自动干手器”，洗净后及时把湿手烘干，当然更好；如果上述条件都不具备，让湿手自动“晾干”，也不失为一种好办法。

怎样正确地洗澡、洗头？

洗澡是保持个人卫生的一种重要方法，并且洗澡对保持身体健康也是能起到很好的作用。专家提醒，洗澡次数增加及不正确的洗澡方式是导致皮肤瘙痒症增多的最主要原因，因此，要远离瘙痒，最关键一点是掌握正确的洗澡方法。一些科普文章建议，一周只能洗一两次澡。专家认为，只要方法正确，即使天天洗也是可以的。

据介绍，人的皮肤表面有一层薄薄的“皮脂膜”，它是由分泌的油脂、汗液和皮肤细胞碎屑构成的，对皮肤起着保护作用，并让皮肤看上去有光泽。冬季皮肤干燥、缺水、瘙痒，就源于这层皮脂膜受到了破坏。正确的洗澡，应该是清洁皮肤的同时不破坏皮脂膜。

（1）如果是淋浴，一定首先调好水温，以免烫伤或者水太凉引起感冒。另外洗澡时用过热的水，容易使皮肤变得干燥；如果是池浴，在放洗澡水的时候，一定要先放冷水，再慢慢地放热水，然后用手试试温度，以免烫伤自己。水温应在40℃～50℃，比体温略高，不感觉烫。水太烫会破坏皮脂膜，造成皮肤微小的损伤，加重瘙痒。

（2）如果是天天洗澡，每次5～10分钟就可以，不要超过30分钟。推荐盆浴或木桶浴，这是因为泡在水里能促进皮肤吸收水分，并且能加快血液循环，改善皮肤代谢。洗澡时，不要用力搓，以免造成皮肤损伤，加重瘙痒。另外，老人盆浴，水位不要超过心脏水平。可以将两把淀粉或燕麦煮开，放进浴缸里，浴后不要冲洗。淀粉浴和燕麦浴可以安抚皮肤，降低皮肤敏感度，保护皮脂膜，减轻皮肤瘙痒。

（3）尽量选中性或弱酸性的沐浴露，不要用碱性的香皂、肥皂。判断酸碱性，看商品说明就可以。冬季洗澡，如果不是特别脏，可以不用沐浴露。

最后，浴后一定要在皮肤没干透的情况下搽乳液，除了腋下、腹股沟，全身都要抹。小腿、腰、臀和前臂皮脂腺最少，最容易发生瘙痒，要多抹或反复抹。由于浴后乳液保湿作用只有一两天，因此即使不洗澡也要记得涂抹。

接下来我们谈一谈洗头。洗头，将一头的灰尘洗去，闭上眼睛任凭发丝的随风舞动，享受发间的隐约清香……真的是一件很惬意的事情。我们每天都在洗头，可是，你真的会洗吗？下面就来教你如何正确洗头：

(1) 预备洗。预备洗的方法就是用大量的水冲洗头发。这样做的目的，是要洗掉残留在头发上的灰尘、脏东西、头皮屑等等。可以减少洗发用品的使用量，降低对头发及头皮的损伤。

(2) 正式洗。正式洗时就要用洗发用品清洁，怎样将洗发精放到头发上，就有些方法了。把洗发精直接往头顶上一倒就洗起来了，这样容易造成头顶部位的洗发精浓度过高，不容易洗净，时间一长头皮会有伤害，甚至有可能头顶部位的头发因而较为稀疏。正确的方法是，先将洗发精倒在手上，再滴一些水在上面，轻轻搓揉，让洗发精开始发泡后，均匀涂抹在头发上（洗头时不要用指甲抓头皮，应该用指腹部分，这样可以避免伤害头皮，双手是以锯齿状或画圆圈的方式来洗头，这样可以达到按摩头皮，促进血液循环的目的。彻底洗净之后，再用大量的水将洗头精完全冲洗掉。有人认为热水的溶解力较佳，所以用很热的水来冲洗头发。可是别忘了热水也会伤害头皮，如果害怕洗发精残留，用温水多冲几次也可达到目的，不一定要用很热的水。

(3) 护发。现在的洗发精洁净力强，有时连头发所必须的油脂都洗掉了。而润发的目的，是要补充被冲洗掉的油脂，增加光泽，使头发容易梳理。使用方法如下：取适量的润发剂放在手上，先由发际着手，从发根开始涂抹，再顺势往头发末端涂抹，尽量涂抹均匀。涂抹完毕之后，用大量清水冲洗，直到黏稠感消失为止。在这里要强调的一点就是，并不是每次洗完头发就要润发。过度的润发，会造成头发油腻感觉，通常是在过度吹整头发，或者冬季温度、湿度低，造成头发破坏的时候，才需要润发。

（4）干燥。刚洗完的头发是处在最容易受损的状态，所以我们要尽快地吹干头发。首先要用毛巾吸掉多余的水分，方法是将毛巾包住头发，轻轻拍，千万不要用力揉或者让头发互相摩擦。接着再用吹风机吹干头发，吹风机的温度应该设定得低一点，风力设定得弱一点。尽量远离头部，并且要小幅度晃动，避免固定同一个地方吹，同时用另一手去翻动，如此风才能吹到头发深处，连头皮也能充分干燥。另外，梳头的梳子也要注意，尽量要使用间隙较宽、头较宽的梳子，以免伤害头发及头皮。

怎样正确地刷牙及保护牙齿？

日常生活中，人们虽然每天都刷牙，可是有相当一部分人不懂得刷牙的学问，所以学会正确刷牙对保持个人的口腔卫生极为重要。

牙分牙冠、牙颈和牙根三个部分。牙冠即我们能见到的部分，是牙露于牙龈以外的部分。牙冠表面覆盖有一层釉质，釉质是人体中最坚硬的组织，硬度近似石英。牙根是嵌入上、下颌骨牙槽突内的部分。牙根表面包有一层牙骨质。牙颈是介于牙冠和牙根之间的稍细部分，外包牙龈。牙主要由牙质构成，内部的空腔称为牙腔。活体牙腔内充填有结缔组织，神经和血管，合称为牙髓。血管和神经由牙根尖孔出入。患有龋齿时，当细菌腐蚀釉质和牙质进入牙髓腔，刺激神经，则疼痛难忍。

要保护好自己的牙齿，就要持之以恒地做到以下几点：

（1）要养成良好的刷牙习惯。饭后用温开水漱口，早晚各刷牙一次。刷牙的次数不能太多，多了反而会损伤牙齿，刷牙的时间也不宜过长。刷牙要注意正确的方法：顺着牙，竖着刷，刷完里面再刷外面。不可横向来回用力刷，否则会损伤牙龈。

（2）平时要注意牙齿卫生，保护好牙齿。平时要少吃糖果。尤其是临睡前不要吃糖，预防龋齿。此外，要注意平时的卫生习惯，不咬手指头，不咬铅笔头等异物，不要用舌头舔牙齿。

（3）如果牙齿有病，应及时就医。遇有蛀牙坏牙，应予以修补或拔除。

刷牙不仅维护牙齿健康，也是是保持口腔清洁的主要方法，它能消除口腔内软白污物、食物碎片和部分牙面菌斑，而且有按摩牙龈作用，从而减少口腔环境中致病因素，增强组织的抗病能力，刷牙对于预防各种口腔疾病，特别是对于预防和治疗牙周病和龋病等，具有重要的作用。

刷牙的一般有3种比较好的方法：

一、竖刷法

将牙刷毛束尖端放在牙龈和牙冠交界处，顺着牙齿的方向稍微加压，刷上牙时向下刷，刷下牙时向上刷，牙的内外面和咬合面都要刷到。在同一部位要反复刷数次。这种方法可以有效消除菌斑及软垢，并能刺激牙龈，使牙龈外形保持正常。

二、颤动法

刷牙时刷毛与牙齿成45度角，使牙刷毛的一部分进入牙龈与牙面之间的间隙，另一部分伸入牙缝内，来回做短距离的颤动。当刷咬合面时，刷毛应平放在牙面上，作前后短距离的颤动。每个部位可以刷2～3颗牙齿。将牙的内外侧面都刷于净。这种方法虽然也是横刷，但是由于是短距离的横刷，基本在原来的位置作水平颤动，同大幅度的横向刷牙相比，不会损伤牙齿颈部，也不容易损伤到牙龈。

三、生理刷牙法

牙刷毛顶端与牙面接触，然后向牙龈方向轻轻刷。这种方法如同食物经过牙龈一样起轻微刺激作用，促进牙龈血液循环，有利于使牙周组织保持健康。

总之，刷牙要动作轻柔，不要用力过猛，但要反复多次。牙齿的每个面都要刷到，特别是最靠后的磨牙，一定要把牙刷伸入进去刷。如果将前面的几种方法结合起来应用，则效果会更好。每次刷完牙，如果不放心，还可以对着镜子看一看是否干净了，只有认真对待，才能保证刷牙的效果。

另外，刷牙时最好采用温水（水温35℃左右的水）刷牙。如果刷牙或漱口时不注意水温，长期用凉水刷牙，就会出现牙龈萎缩、牙齿松动脱落等现象。温水刷牙还能有效减少牙刷刷毛对牙龈的刺激，有效避免牙龈出血。经常给牙齿和牙龈以骤冷骤热的刺激，则可能导致牙齿和牙龈出现各种疾病，使牙齿寿命缩短。牙齿的寿命要比人体的寿命短，其根源是出在“凉水刷牙”这一习惯上。

怎样科学地用眼？

眼睛，被人喻为“心灵的窗户”。它是五官之首，是人的重要器官，对于人们的工作、学习和生活均至关重要。但是现在，越来越多的学生，因不知道如何保护好眼睛而患上了近视眼。有数据表明，近视眼在学生中的比例，小学生为28%，中学生为60%，高中生为85%，情况很严重。如果大家想拥有一双明亮的眼睛，就要学会如何科学用眼。

留心一下就不难看出，看书、看电视和在电脑前工作的时间，几乎占据了人们用眼时间的一大半。那么究竟什么样的光线才有利于眼睛健康？专家认为无论何种情况下，都不是光线越足越好，适度的光线才能保证眼睛视力不受损。

一般看书时光线较暗不会直接导致视力受损，但光线过弱，书本上字迹就会模糊。为了辨认清楚，必须把书本拿近，眼的调节负担就会加重。因此，白天室内采光不足，晚间在昏暗的灯光下学习，都容易产生近视。而光线过强，眼睛过分受刺激，会感到不舒服，有时会对视网膜产生损伤，所以不要在强烈的太阳光下看书。看书、看报纸、写字要选择适合自己的照明度，以看清楚字迹为宜；光源最好从左前方照来，避免阴影妨碍视线。这里有一个最基本的常识：读书写字时眼与书本保持1尺的距离，胸部离书桌一拳头，握笔离笔尖一市寸。看书写字时到45分钟要休息几分钟，做做眼保健操，或到室外远眺，或观看绿色植物。不要躺在床上看书；乘车或走路时也不要看书；光线暗弱或强光下也不适合看书写字。

不论看书、写字，一次都不要超过60分钟，最好每隔三四十分钟，休息三五分钟，或看看窗外的天空、远处的树木，使眼睛得到休息。

至于不少人认为看电视应该关上灯，以使图像清晰，还可以省电的做法并不正确。因为看电视时关灯，屋子里变得漆黑一片，电视屏幕却很亮，一黑一亮，光线对比非常强烈，看久了眼睛会很累，容易引起酸胀难受，甚至还会引起头痛。正确的做法是：观看距离为2米以外；看电视1小时左右，一定要休息片刻，到室外看看或是闭眼放松；看电视时，室内亮一盏低瓦电灯，对眼睛也是有益处的。灯光不要直接照在电视屏幕上，不然图像会不清晰，也不要冲着眼睛直射，而应放在电视机的侧面或者远一些的地方，这样，电视图像会柔和、清楚一些，眼睛也会舒服。

在使用电脑时，目前的液晶显示屏都存在着“亮度过高”的问题，很容易刺伤眼睛，引起视力下降等健康问题。因此使用电脑时，要尽量把显示屏光亮度调低，对比度调高，如果能在液晶显示屏上贴一张防光线反射的保护膜更好，不仅可以防止液晶屏幕损坏，还可以阻止出现光线反射及眩晕现象。眼睛与屏幕的距离以60厘米左右为宜，每隔2小时左右，应将眼睛移开电脑十几分钟，让眼睛适当放松。另外，使用电脑时周围环境的光线也不宜过亮，最好不在窗边打电脑，否则容易有眩光、反光问题，造成眼睛疲劳、酸痛。周边环境的亮度不宜超过显示屏亮度的3倍，可利用测光计测量环境，若能选择头上直射式的光源更好。

除了以上关于用眼的注意事项外，我们在饮食方面可以多吃一些胡萝卜、水果、维生素 A、维生素 D 等对眼睛有好处的食物或补品，这也极有益我们眼睛的健康。

最后，告诉大家一个缓解眼睛疲劳的小窍门：当眼睛感觉疲劳时，可找来两片黄瓜片，闭上双眼，把黄瓜片盖在眼皮上，放松身心，平躺 15 分钟，可使紧绷的眼皮得到松弛缓解。

怎样健康看电视？

随着人们生活水平的不断提高，电视机在城乡家庭已得到普及，电视节目丰富了人们的文化生活，增加了人们的精神食粮，看电视已成为许多人日常生活中不可缺少的重要组成部分。看电视不仅可以使我们获得各种信息和知识，还可以丰富生活内容、增加生活趣味。但长期迷恋电视却会导致发生多种身心疾病，如失眠，记忆力下降，头晕，眼花，疲倦乏力，腹胀，注意力不集中等。因此，我们在看电视时一定要注意以下几点：

一、电视机的位置和距离

电视机的放置要尽可能放在光线比较柔和的角落，高度也要适当，不要太高或太低，电视机的屏幕中心最好和眼睛处在同一水平线上或稍低一些。看电视时，眼部肌肉处于紧张状态，眼和屏幕距离要合适。距离太近，看起来模糊不清，容易引起视力疲劳；距离太远，又不易看清。一般说来，电视机和人的距离应该是屏幕对角线的 4 ~ 6 倍，也可以用简便方法测量：将一只手向前伸直，手掌横放，闭上一只眼睛，如果手掌正好把电视屏遮住，这个距离较为合适。另外，看电视时，最好坐在屏幕的正前方，如果坐在旁侧，观察角不应小于 45 度。

二、电视机的对比度和房间的亮度

电视机的对比度太大，光线亮度不均匀，视力更为集中，容易引起眼睛疲劳。对比度太小，图像色彩不分明，也不容易看清楚。有的人看电视喜欢把屋子的灯都关掉，这样屏幕的亮度和四周黑暗的环境形成鲜明的对比，长时间观看，眼睛很不舒服。相反，如果房间里的灯泡很亮，那么屏幕上的图像就显得灰暗，也看不清楚。所以看电视时，屋子里的光线不要太暗，也不要太亮，可以在屋子里开一盏柔和的小灯或红色的灯泡，这样眼睛就不容易疲劳了。

三、看电视时间不宜过长

长时间看电视会使我们运动量相对减少，正处于长身体重要阶段的我们会因长骨得不到刺激而影响到身高。另外，长时间看电视还会影响到睡眠，睡眠不足必然会影响正常的生理机能，从而影响健康。况且，人的精力和时间都是有限的，看电视的时间长了，学习的时间必然会相对减少，且精力也不足。

四、慎重选择看电视的内容

电视节目总有一些色情、暴力、欺诈、消极等内容掺杂其中，青少年又是模仿能力很强而分辨力却相对弱的群体，如果总看这一类节目，必定会影响身心健康。因此，青少年要有选择地看适合自己年龄段的节目，比如教育台和少儿台的节目。同时，也可在师长的指导下，看一些内容积极向上的节目。

五、看电视时的行为习惯

看电视时要注意坐姿端正，而不宜平躺、屈颈弯背或趴在桌子上，因为不正确的姿势会引起颈部软组织劳损和颈椎综合征。另外，不要太靠近电视机，选择一个适当的距离，以免对视力不利。最后，不宜边吃饭边看电视或者为了看电视而狼吞虎咽，这样会影响消化，并且还可能诱发各种肠胃疾病。

另外，患有强直性脊椎炎、坐骨神经痛等疾病的人，不宜长时间看电视，以免加重病情，影响睡眠。观看完紧张、刺激节目后，也不宜立即上床睡觉。这样由于兴奋没有平息下来，常导致入睡困难，长此以往，就会引起神经官能症。

怎样保护好耳朵？

人的两耳不仅衬托美化面部，而且有着非常重要的听觉和位觉（平衡）功能。耳是接受声音刺激的听觉器官，同时其内耳的前庭和半规管部分又属平衡器官。外耳（耳廓外听道）起集音作用，中耳（鼓膜听骨链的卵圆窗）起传音作用，内耳（耳蜗听神经末梢）有感音功能。耳的任何部位有病变，均可影响听觉功能。听觉功能对于人类认识社会，改造自然有着重要意义。人们通过语言声音彼此互相往来，交流思想，协调工作，共同生活。既然耳朵有这么重要的生理功能，应该注意爱护和保护。如何保护自己的耳朵？

一、防止冻伤及外伤

耳壳暴露于头颅两侧，除耳垂外均为可动软骨及皮肤构成，供血不良，冬春季节及寒冷地区容易发生耳廓冻伤，应注意保护。打架斗殴、车祸等意外或家长管教孩子，常用手打击耳部，造成耳廓撕裂或鼓膜穿孔。发生外伤性鼓膜穿孔后，切忌冲洗或滴药，应以消毒棉球堵塞耳道口，内服消炎药。扎耳针、囊肿穿刺或扎耳眼时，一定要严格消毒，无菌操作，以免发生鼓膜炎。

二、纠正挖耳不良习惯

耳道内有皮脂腺、耵聍腺及毳毛等，常附有病菌。有些人喜用发夹、火柴柄、手指等挖耳，造成外耳道皮肤损伤，感染后易发生脓肿及软鼓膜炎。挖耳时被别人碰撞极易引起鼓膜破裂，感染后引起中耳炎，影响听力。常言道“耳不挖不聋”是有一定道理的。

三、防止蚊蝇昆虫入耳

夏天在室外乘凉睡觉时，常有小昆虫、蜈蚣等误入耳道，中耳炎患者耳朵流脓有腥臭味，易引诱苍蝇入耳，应有专人看守和自我防护。一旦发生可用油类或麻药滴耳，让其窒息死亡，然后再取出，并根据病情进行治疗，以免感染，引起炎症及耳聋。

四、游泳时防水呛入耳鼻

游泳时耳道灌水后，可将头偏向一侧并跳动数次，水可自动流出。游泳时嬉戏、跳水或潜水时，鼻腔进水发生咳呛，经耳咽管进入中耳腔，易引起中耳炎。没有掌握游戏要领者最好不要做跳水及潜水动作，中耳炎鼓膜穿孔者更应慎重。

六、防止噪音及爆震性聋

长期在噪声环境中（噪音大于85分贝）工作的人可致感音神经性耳聋；爆震巨声或大气压剧变，可引起内耳损害造成耳聋。预防办法：降低声源强度，远距离或在间隔屏障外操作，有条件者使用消声器、排音器和吸音器；还可佩戴耳塞，减少工作时间或调离噪声环境。平时不要在噪声环境或有爆震巨声场合逗留。

七、预防药物毒性耳聋

目前得知药物及化学制剂物质能致耳聋者至少有90余种，药物

致聋更为常见，20 世纪 50 年代仅占后天耳聋的 3%，70 年代占 35%，90 年代初期占 43%，90 年代末已上升至 54%。常见致聋药物有卡那霉素、庆大霉素、硫酸链霉素及新霉素等。特别是幼小儿童及年大体弱者更易引起耳聋。药物毒性耳聋如能早期发现，经过积极治疗，尚能恢复部分听力，若至晚期大多不能治愈。药物毒性耳聋主要是预防。对幼小儿童禁用或慎用上述药物，急需使用时亦应按药典规定，决不能超过剂量。治疗时要仔细观察患儿对响声的反应，或作客观听力检测，如声导抗、听诱发电位、耳蜗电图、听脑干反应及耳声发射等。

八、有病及时治疗

耳部任何部位的病变都可能造成程度不同、时间长短不一的耳聋，如耵聍栓、耳道脓肿、中耳炎、突发性耳聋等，都应该及时治疗，尽量减少听力损害。有些全身性疾病如流行性腮腺炎、流脑、败血症、白血病以及再生障碍性贫血等，都会损害听力。在治疗原发病的同时注意保护听力，及时去耳科检查治疗。

除了以上保护耳朵的注意事项外，我们特别提出耳机正确佩戴的问题。

近年来，随着各类随身视频、音乐、收音设备的兴起，耳机遍布人群之中。其实，耳机作为超近距离的贴耳设备，对耳朵的健康是有一定的损害的。通常情况，戴耳机对听力的损害并不是一下子显现出来的，但是，再过 5 年、10 年，或者是 20 年，经常戴耳机对听力的影响才会逐渐显现出来。科学研究表明：大多数正常人在 70 岁左右时才听不清声音，而那些经常戴耳机的人，却很可能在 45 岁左右时就开始出现听力下降的现象了。因此，我们在戴耳机时，一定要注意一些事项。

对于耳机音量的大小，我们的标准是以可以听清楚为佳，倘若你戴上耳机后就无法与他人进行正常谈话，或者你旁边的人都可以很清楚地听到从你的耳机里传出来的声音，那就说明你的耳机播放的音量已经非常不利于你的听力了。

另外，每次戴着耳机听音乐的时间不宜超过 20 分钟，每天戴着耳机听音乐的时间不宜超过 1 小时。之所以要遵守这个标准，是因为耳机的振动膜与耳膜之间离得非常近，使得声波传播的范围又小又集中，从而极大地刺激耳膜的听觉神经。长此以往，这种不良刺激就很可能会引起头胀痛、失眠、耳鸣甚至记忆力减退，从而影响到正常的听力。

当因戴耳机时间过长而感觉听声音模糊，或者是在摘下耳机后听不清别人的讲话，或者耳朵发痒、耳鸣，或者自己说话的时候不得不提高嗓门，这时候，你就一定不要再不当回事儿了，这很可能是你听力受损的征兆，要及时去医院接受检查，并停止使用耳机。

最后，需要指出的是，常戴耳机不仅仅会影响听力，它还有潜在的危险。很多同学在上下学的路上都戴着耳机，步行或者骑自行车，甚至是横穿马路时都不把耳机摘下来，这样太危险了，因为它直接影响着你的听力，并且你的注意力也被音乐分散了一部分，一旦不注意周围车辆鸣笛，就很容易发生交通事故。

怎样面对“烟瘾”？

青春期有一个非常明显的特征——叛逆。很多青少年为了表达自己的叛逆情绪，或者为了彰显自己已经长大，而把香烟叼在嘴里作为一个信号和标志。其实，情绪还有其他的表达方法，成熟和个性也不是非要用抽烟喝酒来彰显。研究表明，青少年就算是偶尔抽上几支烟，也会很快就上瘾的。而一旦上瘾了，不但不利于自己的身心健康，也会使周围的人受到二手烟的危害。而且，一旦上瘾，再想戒掉就非常困难，因此，要做到防患于未然。那么，到底怎样才能防止吸烟成瘾呢？请牢记以下几点：

一、怎样防止吸烟成瘾

1. 要看清吸烟的危害。香烟的烟雾中，含有许多不同的物质，其中最有害的物质是焦油、尼古丁和一氧化碳，这些有害物质危害人体的食道、呼吸系统（呼吸道和肺）、膀胱等等器官，这三种东西是许多吸烟者早死的祸首。青少年正处于长身体的关键时期，烟雾中的有害物质会影响青少年的健康成长。

2. 警惕第一次吸烟。青少年一定不要有“我的意志力强，偶尔抽几支烟不会上瘾”的侥幸心理。如果你真的认为自己的意志力强，就要坚决抵制住同学让你抽第一支烟的诱惑，因为有第一次就会有第二次，时间长了，便无法收拾。对于那些经常吸烟的同学，如果规劝不成，那就请在他们抽烟时尽量避开。

3. 为他人多着想。二手烟的危害是众人皆知的，如果你在家里吸烟会危害家人的健康；在教室里，会危害到周围同学的健康；在公共场合，还会危害到其他人的健康，同时也污染了环境。相信大家都不愿意做一个危害亲人、朋友和社会的人。

二、怎样戒掉烟瘾

从另一个角度说，因为一时不慎染上了吸烟的习惯，那就应该尽力戒掉。在社会的宣传和家长、老师的教育下，很多吸过烟的同学戒了烟，但是还有少数同学戒不掉，该怎么办呢？

1. 纠正错误的心理。学生吸烟多数是由于好奇心强，逆反心理重引起的。有的同学认为，叼上烟卷“神气”、“时髦”、“像个男子汉”。其实，学生吸烟，恰恰适得其反，使人觉得你缺乏文明教养，是一个不遵守纪律的学生。社会上的“无烟场所”，“无烟单位”越来越多，这标志着社会的文明程度高了。作为学生应具有社会责任感，为了自己和他人的健康，痛下戒烟的决心。

2. 增强纪律观念。《中小学生守则》、《中小学生日常行为规范》都有“不吸烟”的规定，吸烟对学生来说，属于违纪行为。因此应坚决戒烟，增强自控自律的能力。

3. 转移兴趣。当来烟瘾时，可吃点水果、糖块以代替吸烟，或者去参加些文体活动使自己的兴趣转移，日子长了，吸烟的习惯就自然改掉了。

4. 抵制引诱，谢绝敬烟。据调查，戒烟后，最怕到吸烟的场合，遇到相好的伙伴敬烟，使烟瘾重犯。所以无论在什么场合下，必须婉言谢绝一切敬烟，抵制外来环境的引诱。实践证明，拒绝一次吸烟，就会增加一份戒烟的毅力，有志的同学不妨试试看。

“世上无难事，只怕有心人”，戒烟虽有一定难度，但只要有决心，有毅力，最终还是能克服烟瘾的。

怎样避免电磁辐射？

电磁辐射是一种复合的电磁波，以相互垂直的电场和磁场随时间的变化而传递能量。人体生命活动包含一系列的生物电活动，这些生物电对环境的电磁波非常敏感，因此，电磁辐射可以对人体造成影响和损害。关于电磁污染标准学界争论还在继续，但我们还需在各种电磁辐射环境中学习与生活，作为这世界上平凡而弱小生命的一员，人们又该如何预防并减轻电磁辐射对自身的伤害呢？

1. 提高自我保护意识，重视电磁辐射可能对人体产生的危害，多了解有关电磁辐射的常识，学会防范措施，加强安全防范。如：对配有应用手册的电器，应严格按指示规范操作，保持安全操作距离等。

2. 不要把家用电器摆放得过于集中，或经常一起使用，以免使自己暴露在超剂量辐射的危害之中。特别是电视、电脑、冰箱等电器更不宜集中摆放在卧室里。

3. 各种家用电器、办公设备、移动电话等都应尽量避免长时间操作。如电视、电脑等电器需要较长时间使用时，应注意至少每 1 小时离开一次，采用眺望远方或闭上眼睛的方式，以减少眼睛的疲劳程度和所受辐射影响。

4. 当电器暂停使用时，最好不要让它们处于待机状态，因为此时可产生较微弱的电磁场，长时间也会产生辐射积累。

5. 对各种电器的使用，应保持一定的安全距离。如眼睛离电视荧光屏的距离，一般为荧光屏宽度的 5 倍左右；微波炉在开启之后要离开至少 1 米远，孕妇和小孩应尽量远离微波炉；手机在使用时，应尽量使头部与手机天线的距离远一些，最好使用分离耳机和话筒接听电话。

6. 如果长期涉身于超剂量电磁辐射环境中，应注意采取以下自我保护措施：

（1）电视、电脑等有显示屏的电器设备可安装电磁辐射保护屏，使用者还可佩戴防辐射眼镜，以防止屏幕辐射出的电磁波直接作用于人体。

（2）手机接触瞬间释放的电磁辐射最大，为此最好在手机响过一两秒后或电话两次铃声间歇中再接听电话。

（3）电视、电脑等电器的屏幕产生的辐射会导致人体皮肤干燥缺水，加速皮肤老化，严重的会导致皮肤癌，所以，在使用完上述电器后及时洗脸。

（4）多食用一些胡萝卜、豆芽、西红柿、油菜、海带、卷心菜、瘦肉、动物肝脏等富含维生素 A、维生素 C 和蛋白质的食物，以利于调节人体电磁场紊乱状态，加强肌体抵抗电磁辐射的能力。

怎样保护好嗓子？

说话声音好听，也是人们追求美的一个重要方面。常言道，闻声如见人，一个甜美圆润或浑厚而富有磁性的声音，会给人留下美好的回味和遐想，而声音的美，有其先天声带发育的条件，也有后天保养的原因。事实上，后天保养与嗓音有密切的关系，欲获得美好的声音，应从以下几方面对嗓子进行保养：

一、生活习惯上的保健

人的声带很娇嫩，不要在上呼吸道感染时过度用声，也不要在月经期或变声期过度用嗓子，在此期间，发音器官处于充血状态，无节制地说唱喊叫，会使声带“雪上加霜”。坚决戒掉烟瘾。因为点燃的烟草雾气中含有大量的尼古丁，容易降低呼吸道和发音器官黏膜的防御能力。生活要有规律，睡眠要保证充足，睡眠不足会使体内血液偏向酸性，致使肌肉疲劳，尤其是喉部小肌肉非常敏感，往往造成声带嘶哑。

二、防止咽部及喉腔疾病的发生

如感冒容易引起急、慢性喉炎、鼻炎、副鼻窦炎等，还有患喉头结核，以及扁桃腺炎肿大等，都会造成声音嘶哑，或闷重的鼻音，所以得了疾病，要及时治疗。需要人们注意的是，许多人认为声音沙哑算不上毛病，用不着小题大做，吃点儿消炎药就会好。其实，有可能已埋下难以预料的隐患，一定要及早看医生。

三、饮食上的保健

要保养好自己的嗓子，应特别注意从饮食中补充维生素 A、维生素C和B族维生素。如缺乏维生素A，鼻咽喉部易发干、发炎。维生素C如缺乏，易导致鼻黏膜出血和声带无力。B族维生素能维持耳鼻喉的正常功能。多选用有利于保护嗓子的食物：对嗓子有益的食物有苹果、梨、橘子、香蕉、青萝卜、西红柿、黄瓜、小白菜、大白菜、油菜、芹菜、菠菜、蜂蜜、豆腐、豆浆、鸡蛋等，这些清淡食品有益于润喉、清嗓和开音，并含有多种维生素和无机盐，对维持健康有益。少吃过冷过热食物，食物过热易引起咽喉黏膜充血，影响发音和共鸣。过冷的食物可使咽喉部肌肉产生不正常的收缩和血管痉挛，使静脉血回流障碍，引致黏膜损伤，影响喉肌和声带的正常功能。不要过度饮酒及食用过于辛辣的东西，因为酒精和大蒜、辣椒、花椒等食物，对口腔、喉咙和食道黏膜刺激最大，易使这些部位充血、肿胀，并使嗓音失调。

另外，要注意坚持体育锻炼，增强肌体的抵抗能力，减少呼吸道感染的发生，也可以有效地保护好你的嗓子。

怎样应对春困？

春困是因为季节交换给人们带来的生理变化的一种反应。寒冷的冬天，人体受到低温的影响和刺激，皮肤的毛细血管收缩，血液流量相对减少，汗腺和毛孔也随之闭合，减少了热量的散发，以维持人体正常体温。进入春季后，随着气温的升高，人的身体毛孔、汗腺、血管开始舒张，皮肤血液循环也旺盛起来。这样一来，供给大脑的血液就会相对减少。随着天气变暖，新陈代谢逐渐旺盛，耗氧量不断加大，大脑的供氧量则必然就显得不足了。加上暖气温的良性刺激，使大脑受到某种抑制。因而人们就会感到困倦思睡，总觉得睡不够。

如上所言，大部分人春困是季节交换带来的生理变化的客观反应。

要想消除春困，应注意做到以下几点：

一、早睡早起

春季有了良好的休息睡眠，人体才能得到调整和补充，进一步促使机能承受紧张度能力的增加，减少白天的困倦。睡懒觉不能增加大脑的血液供应，反而会引起人的惰性，越睡越困，越睡越懒。还有一点值得注意的是，春日里尽量不要熬夜，以免诱发和加重春困。

二、做头皮操

春季坚持做头皮操，能消除大脑困倦。其方法是：先用双手十指自然屈指并拢，用指端自前向后、自中绕两侧，对整个发际较有力地划摩十次；再用十指依前顺序较有力地一点一点地按压 3 遍；再用十指依前顺序做短距离往返搔抓 3 遍，每个搔抓区抓 5 下；最后用十指依前顺序轻缓按摩 5 遍。每天早起、晚睡前各做一次，可使精力旺盛、思维敏捷，是消除脑疲劳困倦的简单有效的方法。

三、视觉刺激

春季走出户外，举目远眺，让美丽的大自然景色尽收眼底，给自己以视觉的良好刺激，有助于消除春困。

四、饮食调节

科学的饮食对解决春困也有积极的效果。春季饮食宜清淡、新鲜、易消化，青菜、胡萝卜、马兰头、芹菜、小白菜、荸荠等食物是最佳的选择。尽可能少吃油腻的肉类食品，以便于肠道的消化吸收；适量多吃一些葱、姜、蒜等辛味食物，它们具有祛湿、避秽浊、促进血液循环、兴奋大脑中枢的作用。

五、科学用脑

科学用脑，就是让左脑半球得到适当的休息。在春季日常工作中，左脑半球主要负责语言、数学、抽象思维等，脑力劳动者的右脑半球较少应用，相对轻松一些。因此，当头脑不清醒和胀痛时，应放下学习，听听音乐、赏赏花草、做做体操，让右脑半球得到活动和使用，左脑半球适当休息。更重要的是，运动能使人体耗氧量最大的大脑及时得到补充和供给，这样有利于去劳解困。

六、勤刷牙洗脸

刷牙洗脸是一种消除春困的较为简便有效的方法。当困倦之意袭来时，可采用具有芳香气味的牙膏刷牙漱口，用冷水洗脸，这样可以提神醒脑。

春天是美好的季节，也是人们最爱犯困的季节，只要同学们正确认识，采取积极有效的措施，就会克服春困带来的烦恼，轻松愉快地度过春困季节。

健康饮食

怎样正确吃“三餐”？

一天要吃三餐饭。人吃饭不只是为了填饱肚子或是解馋，主要是为了保证身体的正常发育和健康。实验证明：每日三餐，食物中的蛋白质消化吸收率为85%；如改为每日两餐，每餐各吃全天食物量的一半，则蛋白质消化吸收率仅为75%。因此，按照我国人民的生活习惯，一般来说，每日三餐还是比较合理的。同时还要注意，两餐间隔的时间要适宜，间隔太长会引起高度饥饿感，影响人的劳动和工作效率；间隔时间如果太短，上顿食物在胃里还没有排空，就接着吃下顿食物，会使消化器官得不到适当的休息，消化功能就会逐步降低，影响食欲和消化。一般混合食物在胃里停留的时间大约是4～5小时，两餐的间隔以4～5小时比较合适，如果是5～6小时基本上也合乎要求。

营养专家认为，早餐是一天中最重要的一顿饭，每天吃一顿好的早餐，可使人长寿。早餐要吃好，是指早餐应吃一些营养价值高、少而精的食物。因为人经过一夜的睡眠，头一天晚上进食的营养已基本耗完，早上只有及时地补充营养，才能满足上午工作、劳动和学习的需要。早餐在设计上选择易消化、吸收、纤维质高的食物为主，最好能在生食的比例上占最高，如此将成为一天精力的主要来源。

专家经过长期观察发现，一个人早晨起床后不吃早餐，血液黏度就会增高，且流动缓慢，天长日久，会导致心脏病的发作。因此，早餐丰盛不但使人在一天的工作中都精力充沛，而且有益于心脏的健康。坚持吃早餐的青少年要比不吃早餐的青少年长得壮实，抗病能力强，在学校课堂上表现得更加突出，听课时精力集中，理解能力强，学习成绩大都更加优秀。

一般情况下，理想的早餐要掌握3个要素：就餐时间、营养量和主副食平衡搭配。一般来说，起床后活动30分钟再吃早餐最为适宜，因为这时人的食欲最旺盛。早餐不但要注意数量，而且还要讲究质量。按成人计算，早餐的主食量应在150~200克之间，热量应为700千卡（1千卡=4.18千焦）左右。从事不同劳动强度及年龄不同的人所需的热量也不尽相同。如小学生需500千卡左右的热量，中学生则需600千卡左右的热量。就食量和热量而言，应占不同年龄段的人一日总食量和总热量的30%为宜。主食一般应吃含淀粉的食物，如馒头、豆包、面包等，还要适当增加些含蛋白质丰富的食物，如牛奶、豆浆、鸡蛋等，再配以一些小菜。

俗话说“中午饱，一天饱”。说明午餐是一日中主要的一餐。由于上午体内热能消耗较大，午后还要继续工作和学习，因此，不同年龄、不同体力的人午餐热量应占他们每天所需总热量的40%。主食根据三餐食量配比，应在150~200克左右，可在米饭、面制品（馒头、面条、大饼、玉米面发糕等）中间任意选择。副食在240~360克左右，以满足人体对无机盐和维生素的需要。副食种类的选择很广泛，如：肉、蛋、奶、禽类、豆制品类、海产品、蔬菜类等，按照科学配餐的原则挑选几种，相互搭配食用。一般宜选择50~100克的肉禽蛋类，50克豆制品，再配上200~250克蔬菜，也就是要吃些耐饥饿又能产生高热量的炒菜，使体内血糖继续维持在高水平，从而保证下午的工作和学习。但是，中午要吃饱，不等于要暴食，一般吃到八九分饱就可以。

晚餐比较接近睡眠时间，不宜吃得太饱，尤其不可吃夜宵。晚餐应选择含纤维和碳水化合物多的食物。但是一般家庭，晚餐是全家三餐中唯一的大家相聚共享天伦的一餐，所以对多数家庭来说，这一餐往往做得非常丰富，这种做法和健康理念有些违背，因此，餐前半小时应有蔬菜汁或是水果。晚餐时应有一道以上的生菜沙拉盘。主食与副食的量都可适量减少，以便到睡觉时正好是空腹状态。

一般而言，晚上多数人血液循环较差，所以可以选些天然的热性食物来补足，例如辣椒、咖喱、肉桂等皆可。寒性蔬菜如小黄瓜、菜瓜、冬瓜等晚上用量少些。晚餐尽量在晚上 8 点以前完成，若是八点以后任何食物对我们都是不良的食物。若是重食的家庭，晚餐肉类最好只有一种，不可多种肉类，增加体内太多负担。晚餐后请勿再吃任何甜食，这是很容易伤肝的。

怎样据季节安排饮食？

随着季节的变化，人体内各器官的状态也有所变化。故要根据季节的不同，选择美味健身的食物，进行饮食的科学安排。

一、春季饮食

春季，气温变化大，所以春季的营养构成应以高热量为主，由于冷热刺激可使体内的蛋白质分解加速，导致机体抵抗力降低而致病，这时需要补充优质蛋白质食品，如鸡蛋、鱼类、鸡肉和豆制品等。

春天，细菌、病毒等微生物开始繁殖，活力增强，容易侵犯人体而致病，所以，在饮食上应摄取足够的维生素和无机盐。小白菜、油菜、柿子椒、西红柿等新鲜蔬菜和柑橘、柠檬等水果，富含维生素 C，具有抗病毒作用；胡萝卜、苋菜等黄绿色蔬菜，富含维生素 A，具有保护和增强上呼吸道黏膜和呼吸器官上皮细胞的功能，从而可抵抗各种致病因素侵袭；富含维生素 E 的食物也应食用，以提高人体免疫功能，增强机体的抗病能力，这类食物有芝麻、青色卷心菜、菜花等。

我国医学还认为，“春日宜省酸增甘，以养脾气”。这是因为春季肝气最旺，肝气旺会影响脾，所以春季容易出现脾胃虚弱病症。多吃酸味食物会使肝功能偏亢，故春季饮食调养，宜选辛、甘温之品，忌酸涩。饮食宜清淡可口，忌油腻、生冷及刺激性食物。

二、夏季饮食

夏暑逼人，天气炎热。人们食欲降低，肠胃功能也减弱，许多人这时不想吃肥肉和油腻食物，在饮食安排上应以清淡为主，注意食物的色、香、味，尽量引起食欲，使身体能得到全面足够的营养。一般来说，可以多吃一些凉拌菜、咸蛋、豆制品、芝麻酱、绿豆以及黄瓜、丝瓜、冬瓜、青菜、西红柿、花菜之类的蔬菜。瓜类尤其是消暑解渴的上品。

夏天气温高，出汗多，饮水多，胃酸容易被冲淡，消化液分泌相对减少，消化功能减弱致使食欲不振，再加上天热人们贪吃生冷食物造成胃肠功能紊乱或因食物不清洁易引致胃肠不适，甚至食物中毒，所以，夏季饮食应清淡而又能促进食欲，这样就可以达到养生保健的目的。

夏季不能暴饮暴食，就是不能过饱，尤其晚餐更不应饱食。谚语说：“少吃一口，活到九十九。”老人、小孩消化力本来不强，夏季就更差，吃得过饱，消化不了，容易使脾胃受损，导致胃病。如果吃七成饱，食欲就会继续增强。

要适当多吃一些水果和苦味的食物，如梨、西瓜、苦瓜等。夏季酷暑炎热、高温湿重，吃西瓜、苦味食物，就能清泄暑热，以燥其湿，便可以健脾，增进食欲。味酸的食物能收能涩，夏季汗多易伤阴，食酸能敛汗，能止泄泻。如番茄具有生津止渴、健胃消食、凉血平肝、清热解毒、降低血压之功。

三、秋季饮食

秋高气爽，天气怡人。人们从酷暑中解脱出来，食欲逐渐增强，同时，这个季节的食品种类也最丰富，蔬菜、水果齐全，豆类、肉类、蛋类货源充足。因此在秋季饮食安排上，只要注意营养平衡搭配就可以了。但要注意，秋季空气干燥，人极需要水分，要多食含水分多的食物，少用胡椒、葱、姜等辛辣之品。如有条件，可多食一些糯米、芝麻、蜂蜜、枇杷、菠萝、乳品类食物。

秋季，人体的生理也随着季节的转换而发生变化，因此，秋季的饮食要随时而变化，以适应秋季养生之需。秋季饮食的原则是以“甘平为主”，即多吃有清肝作用的食物，少食酸性食物。祖国的传统医学认为，秋季多吃酸，则克脾，引起五脏不调，而多食甘平类的食物，则以增强脾的活动，使肝脾活动协调。

四、冬季饮食

大雪纷飞，朔风凛冽。严寒的天气会使人体的代谢加强，为了防御风寒，在饮食上可以多增加产热量高的食品，如炖肉、烧鱼、火锅等。冬季缺少黄绿色蔬菜，容易发生维生素缺乏症，降低机体的抵抗力。因此，在冬季要注意选择那些富含维生素的蔬菜食用，如胡萝卜、青菜、菠菜、蘑菇、青椒、青蒜以及水果之类。调味品可多用些辛辣食物，如胡椒、葱、姜、蒜等，以祛除人体中的寒气。在烹调方法上，多采用烧、焖、炖、煨、煮等方法。冬季饭菜以色味浓厚为好，既有营养，又可增强食欲。

另外，在严寒的冬天人们喜欢喝上热腾腾的饮料暖胃又暖身，但是，专家指出，冬天喝过热的饮料其实也是误区。因为饮用温度过高的饮料，会造成广泛的皮肤黏膜损伤。蛋白质在43℃开始变性，胃肠道黏液在达60℃时会产生不可逆的降解，在47℃以上时，血细胞、培养细胞和移植器官会全部死亡。所以，不要在冬季经常饮用过热的饮料。

青春期怎样加强营养？

青春期是人体各器官逐渐发育成熟的阶段，这一阶段，思想活跃，记忆力强，是人的一生中长身体、长知识的重要时期。因此，处于青春期的学生对营养的要求应高于成人。

青春期需要比童年更多的热量，如果热量供应不足，就会使人出现疲劳、消瘦和抵抗力降低的现象，这样会直接影响人的体力和学习。因此，这一时期要多吃一些含热量高的食物。热量的主要来源是碳水化合物，常用的食品有谷类、淀粉类、豆类、根茎类、糖果和甜食；平时可多吃一些脂肪和糖含量高的食物；秋冬季节可多吃些肉类食物。

青春期正处在身体的发育阶段，因此蛋白质在青春期营养中至关重要。一旦体内缺乏蛋白质，就会导致身体发育迟缓、消瘦，甚至出现智力障碍、注意力不集中等症状。因此青春期的蛋白质供应量应高于其它时期，不仅要有足够的数量，还要有较高的质量。饮食中应有1/2～1/3的蛋白质来自动物性食品。

无机盐，也叫矿物质，它对于青春期的学生比对成年人更重要。钙和磷是构成人体骨骼和牙齿的重要材料。青春期要有健壮的骨骼和整洁的牙齿，就必须多吃钙、磷含量高的食品，如虾米、黄豆、豆制品、蛋黄、西瓜子、乳制品、鱼、肉、海带、粗粮等。如果人体内铁供应不足，则可能发生贫血。如果缺乏碘就会影响人体甲状腺的分泌，而人体的新陈代谢需要有足够的甲状腺素。因此青春期的日常食品中应包括含碘多的食物，如海带、紫菜、蛤、海蜇、龙虾、带鱼等。如果缺乏锌，青少年的生长和性发育就会停滞，出现食欲不振，味觉、嗅觉异常等现象。锌主要含于肉、鱼和海产品中，因此，青春期的营养食谱里应适当增加这类食物。

青春期对维生素的需要显得尤为重要，特别是维生素 B_1、B_2、A、C 等，更是肌体不可缺少的。缺乏维生素 A 会影响视力；缺乏维生素 B_1 会使食欲减退，思想不集中；缺乏维生素 B_2，会使肌体代谢失调；而维生素 C 具有抗毒作用，能增强人体抵抗力。而这些维生素广泛存在于日常的主、副食品及各类蔬菜之中。因此，为了身体的健康，增加抵抗疾病的力量，在饮食中应注意有计划地加以调配，尽量使饭菜多样化，平时要注意不要偏食，并多选择新鲜的绿叶蔬菜食用，以满足身体对各种维生素的需要。

怎样饮水最健康？

大家对饮食的重视还是远远高于饮水的，但是科学的饮水对我们来说也很重要。水是人类每天必不可少的营养物质。有试验证明，一个人只喝水不吃饭仍能存活十几天，但如果几天不喝水人就无法生存，可见水对人体健康十分重要。健康成年人每天约需 2500 毫升水，因此要保持健康就必须注意每天摄入充足的水分。

科学研究表明，白开水是对身体最有益的饮料。白开水不含卡路里，不用消化就能为人体直接吸收利用，它进入人体后可以立即发挥新陈代谢功能，调节体温、输送养分。所以习惯喝白开水的人，体内脱氧酶活性高，肌肉内乳酸堆积少，不容易产生疲劳。

平常饮水也应尽量做到科学，首先是饮水的时间。一般饮水的四个最佳时间是：

第一次：早晨刚起床，此时正是血液缺水状态。

第二次：上午 8 时至 10 时，可补充工作时间流汗失去的水分。

第三次：下午 3 时左右，正是喝茶的时刻。

第四次：睡前，睡觉时血液的浓度会增高，睡前适量饮水会冲淡积压液，扩张血管，对身体有好处。

饮水除了要注意时间外，饮水还要注意以下几点：

一、不喝污染的生水

人类80%的传染病与水或水源污染有关。伤寒、霍乱、痢疾、传染性肝炎等疾病都可通过饮用污染的水引起。污染的水还可以引起寄生虫病的传播和地方性疾病等。因此，饮水要符合卫生要求。不要喝生水，要喝煮沸的开水。

二、喝水要掌握适宜的硬度

水的硬度是指溶解在水中盐类含量，水中钙盐、镁盐含量多，则水的硬度大，反之则硬度小。水质过硬影响胃肠道消化吸收功能，发生胃肠功能紊乱，引起消化不良和腹泻。我国规定水总硬度不超过25度。建议一般饮用水的适宜硬度为10～20度。处理硬水最好的办法是煮沸，经煮沸后均能达到适宜的硬度。

三、喝水要有节制

夏季气温高，人们多汗易渴。但一次喝水要适量，不要喝大量的水。即便是口渴得厉害，一次也不能喝太多水。这是因为喝进的水被吸收进入血液后，血容量会增加，大量的水进入血液循环就会加重心脏负担，要注意适当地分几次喝。

四、喝水要适时适量

清晨起床后喝一杯水有疏通肠胃之功效，并能降低血液浓度，起到预防血栓形成的作用。爱运动的青少年一定要注意，剧烈运动后一定不要暴饮凉开水或其他饮料，这会加重胃肠负担，使胃液稀释。这样既妨碍对食物的消化，又降低胃液的杀菌作用。喝水速度也一定要注意，太快会使血容量增加过快，因此加重心脏的负担，引起体内钾、钠等电解质发生一时性紊乱，甚至造成更严重的后果。所以运动后科学的饮水方法是，慢慢地喝温开水。另外，进餐后消化液正在消化食物，此时如喝进大量水就会冲淡胃液、胃酸而影响消化功能。

怎样吃水果最健康？

水果对人体健康非常有益，尤其是秋季气候干燥，人们容易皮肤干燥、咽喉肿痛，人体需要水分较多，而营养丰富的水果正好可以改善这些症状。此外，水果富含各种维生素、矿物质，多吃水果不仅能增进健康，更有助于美容。现在知道水果至少有下列作用：

1. 水果含有的果胶、纤维素、半纤维素、木质素等膳食纤维，能促进肠道蠕动和排便，对于防止和治疗便秘有良好的作用。由于减少了大便在肠道中的停留时间，对于预防结肠癌等有一定的效果；有利于人体中的铅与其他重金属从体内排出；减少胆固醇的吸收；为肠道中的正常菌群的繁殖提供场所和营养，有利于保持肠道中的菌群平衡。

2. 水果富含钾、钙、镁等矿物质，经代谢后的产物呈碱性，所以被称为成碱性食物。而肉、鱼、蛋、水产品、豆制品等食物的代谢最终产物呈酸性，属于成酸性食品。而人体的新陈代谢只有在弱碱性的条件下才能正常进行。现在很多人吃较多的高蛋白、高脂肪和高热能食品，使血液呈酸性，所以水果对于纠正偏酸性环境，维持体内正常的酸碱度有重要意义。

3. 人类需要的维生素 C 的来源除了蔬菜外就是水果，水果对维生素 C 还有增效作用。

此外，水果中存在的蛋白酶可促进蛋白质的消化；柑橘、樱桃、柠檬、沙棘等水果中的类黄酮化合物有清除自由基的作用。

要发挥水果的良好作用，正确的吃法很重要。怎样吃水果才是健康的呢？吃水果又有什么讲究？下面我们就来谈一谈。

吃水果前先了解水果的属性，根据自己的体质来选择水果的品种。一般而言水果可分为寒凉、温热、甘平三类。寒凉类水果有柑橘、香蕉、梨、柿子、西瓜等；温热类水果有枣、桃、杏、龙眼、荔枝、葡萄、樱桃、石榴、菠萝等；甘平类水果有梅、李、山楂、苹果等。体质虚弱、面色苍白、体寒的人，应该选择温热性的水果，容易上火的人，应选择一些寒凉性水果。

水果含有许多人体需要的营养和保健成分，它对人体的有利作用已被越来越多的人所认识，所以水果已成为许多人每天必吃的食品之一。但是怎么样吃水果才能既保证吸收了它的营养成分，又不会对身体造成不好的影响呢？

一般而言，早餐前吃水果既开胃又可促进维生素吸收，人的胃肠经过一夜的休息之后，功能尚在激活中，消化功能不强，但身体又需要补充足够的营养素，此时吃易于消化吸收的水果，可以为上午的工作或学习活动提供营养所需。但适合餐前吃的水果最好选择酸性不太强、涩味不太浓的，如苹果、梨、香蕉、葡萄等。另外，胃肠功能不好的人，不宜在这个时段吃水果。

上午 10 点左右，由于经过一段紧张的工作和学习，碳水化合物基本上已消耗殆尽，此时吃个水果，其果糖和葡萄糖可快速被机体吸收，以补充大脑和身体所需的能量，而这一时段也恰好是身体吸收的活跃阶段，水果中大量的维生素和矿物质，对体内的新陈代谢起到非常好的促进作用。

其实，不论餐前餐后吃水果都要牢记 4 点：

1. 不要空腹吃酸涩味太浓的水果，避免对胃部产生刺激，还可能与胃中的蛋白质形成不易溶解的物质。

2. 不要吃饱后立即吃水果。这样会被先期到达的食物阻滞在胃内，致使水果不能正常地在胃内消化，而是在胃内发酵，从而引起腹胀、腹泻或便秘等症状。如果长此以往，还会导致消化功能紊乱。

3. 特别需要注意的是水果的温度。如果吃了大量的油腻食物，再吃大量冷凉的水果，胃里血管受冷收缩，对肠胃虚弱、对冷凉比较敏感的人来说，可能会影响消化吸收，甚至造成胃部不适。因此，吃水果应以常温为宜，不要贪吃刚从冰箱里拿出来的水果。

4. 选择水果品种应当考虑体质。糖尿病人应当选择糖分低、果胶高的水果，如草莓、桃等；贫血病人则应选择维生素 C 含量较高的桂圆、枣、草莓等；腹部容易冷痛、腹泻者应当避免香蕉和梨，等等。

怎样吃蔬菜最健康？

蔬菜我们的生活饮食中不可缺少的部分，我们平时吃蔬菜时可能并不注意怎样吃才算科学健康的吃法，其实也是有讲究的，那么，怎样吃蔬菜最健康呢？

一、要吃新鲜蔬菜

新鲜的青菜，买来存放家里不吃，便会慢慢损失一些维生素。如菠菜在 20℃时放置一天，维生素 C 损失达 84%。若要保存蔬菜，应在避光、通风、干燥的地方贮存。

二、注意含维生素最丰富的部分

例如豆芽，有人在吃时只吃上面的芽而将豆瓣丢掉。事实上，豆瓣中含维生素 C 比芽的部分多 2～3 倍。再就是做蔬菜饺子馅时把菜汁挤掉，维生素会损失 70% 以上。正确的方法是，切好菜后用油拌好，再加盐和调料，这样油包菜，馅就不会出汤。

三、要用小火炒菜

维生素 C、B_1 都怕热、怕煮。据测定，大火快炒的菜，维生素 C 损

失仅17%，若炒后再焖，菜里的维生素C将损失59%。所以炒菜要用旺火，这样炒出来的菜，不仅色美味好，而且菜里的营养损失也少。烧菜时加少许醋，也有利于维生素的保存。还有些蔬菜如黄瓜、西红柿等，最好凉拌吃。

四、烧好的菜要尽快吃

有人为节省时间，喜欢提前把菜烧好，然后在锅里温着等人来齐再吃或下顿热着吃。其实蔬菜中的维生素B_1，在烧好后温热的过程中，可损失25%。烧好的白菜若温热15分钟可损失维生素C20%，保温30分钟会再损失10%，若长到1小时，就会再损失20%，假若青菜中的维生素C在烹调过程中损失20%，溶解在菜汤中损失25%，如果再在火上温热15分钟会再损失20%，共计65%。那么我们从青菜中得到的维生素C就所剩不多了。

五、吃菜要喝汤

许多人爱吃青菜却不爱喝菜汤，事实上，烧菜时，大部分维生素溶解在菜汤里。以维生素C为例，小白菜炒好后，维生素C会有70%溶解在菜汤里，新鲜豌豆放在水里煮沸3分钟，维生素C有50%溶在汤里。

六、先冲洗再切菜

在洗切青菜时，若将菜切了再冲洗，大量维生素就会流失到水中。

七、蔬菜最好单独炒

有些人为了减肥，不食脂肪，而偏爱和肉一起炒的蔬菜。最近据研究人员发现，凡是含水分丰富的蔬菜，其细胞之间充满空气，而肉类的细胞之间却充满了水，所以蔬菜更容易吸收油脂，一碟炒菜所含的油脂往往比一碟炸鱼或炸排骨所含的油脂还多。

八、吃素也要吃荤

时下素食的人越来越多，这对防止动脉硬化无疑是有益的。但是不注意搭配、一味吃素也并非是福。现代科学发现吃素至少有四大害处：一是缺少必要的胆固醇，而适量的胆固醇具有抗癌作用；二是蛋白质摄入不足，这是引起消化道肿瘤的危险因素；三是核黄素摄入量不足，会导致维生素缺乏；四是严重缺锌，而锌是保证机体免疫功能健全的一种十分重要的微量元素，一般蔬菜中都缺乏锌。

九、吃生菜而要洗净

蔬菜的污染多为农药或霉菌。进食蔬菜发生农药中毒的事时有发生。蔬菜亦是霉菌的寄生体，霉菌大都不溶于水，甚至有的在沸水中安然无恙。它能进入蔬菜的表面几毫米深。因此食蔬菜必须用清水多洗多泡，去皮，多丢掉一些老黄腐叶，切勿吝惜，特别是生吃更应该如此，不然，会给你的身体健康带来危害。

十、不要把蔬菜榨成汁饮

蔬菜榨汁饮用，会影响唾液中的消化酶分泌。因为咀嚼作用不是单纯地嚼烂蔬菜，更重要的是通过嚼的手段，使含在唾液中的消化酶充分地混合于汁液里，帮助消化和吸收。

我们了解了怎样吃蔬菜最健康后，一定要记住，要多多吃蔬菜！

怎样选择饮料？

目前各种饮料非常多，商店货架上陈放着各种色彩的各种包装的饮料，琳琅满目，让人目不暇接。那么应该怎样为自己选择饮料呢？首先了解饮料是何物？

一、饮料有哪些种类

饮料包括茶、酒、咖啡及软饮料等。前三种是为成人所选的饮料，后一种适宜少年儿童。作为学生应从软饮料中来挑选适宜自己的种类。软饮料不含有酒精，是以补充人体水分为主要目的。现在市场上充塞了各种名称的软饮料。现仅以饮料作用分为3类：

1. 水饮料：淡水、苏打水等。

2. 果味饮料：如果味汽水、各种果汁。还有用香精调味的汽水。香精来源有天然的、半合成及全合成的。果味饮料又可分为液体和固体的两种，后一种是在饮用时用水冲饮。

3. 营养饮料：又分为：高热能饮料，如高糖葡萄汁；低热能饮料，如无糖汽水；矿物质饮料，如矿泉水；维生素饮料，主要指果汁和蔬菜汁饮料，此类饮料多含有丰富的维生素C，如野生植物中的沙棘、刺梨、黑加仑、猕猴桃等制成含有极丰富的维生素C的饮料。

二、如何选择饮料

人们选用饮料的最主要是补充水分。水对人体十分重要，是组成人体细胞的重要成分，是维持生命活动的最重要元素之一，机体的生理活动都需要水。无论是营养素的消化、吸收、运输和代谢，还是代谢废物和毒物的排出都需要水。人体的生理活动及体温的调节等，也都离不开水。水与生命活动息息相关，缺水比缺食对健康的影响更大。如果体内水分丢失超过本人体重10%，将发生心血管系统障碍，影响氧气及营养的输送，从而对生命活动产生严重影响。

中小学生的活动量较大，对水需要量更大，更需要及时补充水分，那应该怎样补？选择哪种饮料才好？其实，我们白开水是最好的饮料。白开水进入人体后立即加入新陈代谢活动，调节体温、输送养分。美国科学家研究发现，煮沸后自然冷却至20℃～25℃的凉开水最易透过细胞膜，促进新陈代谢，提高机体抗病能力。习惯喝开水的人，体内脱氧酶活性高、肌肉内乳酸堆积少，不容易产生疲劳。由此看来，白开水是最佳饮料、应提倡多喝白开水。

夏季天气炎热，人体出汗多，尤其儿童在室外玩得满头大汗，常常贪喝冷饮，如冰镇汽水等。冷饮喝得过多对儿童是有害无益的。因为儿童的胃肠黏膜对冷刺激非常敏感，喝过多冷饮会使胃肠道突然收缩引起腹痛、腹泻。现在市场上销售的汽水、可乐等饮料中含有小苏打，会中和胃液，影响消化。如果长期饮用将影响儿童正餐食物的摄入，对儿童生长不利。因此，夏季为及时补充水分，可少量多次喝白开水、绿豆汤、新鲜果汁及吃些西瓜等。

另外，目前市场上销售的饮料大多含有较多糖，多饮会导致糖摄入过多，能量摄入增加，可能会引起肥胖。因此，儿童饮用尽量选择低糖、无糖饮料。目前市场有可乐型饮料，许多同学购买饮用。可乐型饮料中主要含有咖啡因、糖及小苏打等。这种饮料不利青少年的生长发育，目前有许多国家及地区都禁止出售给儿童、少年。这是因为：

1. 咖啡因有兴奋作用，对学生的记忆有干扰作用。同时，长期饮用可引起心慌、心律不齐、对心血管不利。

2. 可乐型饮料中小苏打对胃液有中和作用，使消化能力下降，影响食物的消化吸收。

3. 英国科学家研究发现，充气饮料内的酸性物质损害儿童牙齿。

因此不主张给青少年喝可乐型饮料，同时也建议学生尽量不要选择含酒精的饮料。含酒精饮料会影响青少年的生长发育。酒精是在肝脏中分解代谢的，青少年的肝脏发育尚不健全，饮酒会对肝脏有损害。另外，酒精对大脑等神经系统也有害，可抑制大脑的兴奋性，减弱记忆力、注意力和理解能力，因此青少年不宜喝含酒精饮料，更不能饮酒。

酸奶和酸奶饮料如何选择？

“原本想买酸奶，可买回家的却是酸奶饮料。”这样的事儿你也一定经历过吧。眼下，酸奶是越来越受人们喜爱了，可是随之而来的酸奶饮料却让人伤脑筋。其实，酸奶和酸奶饮料并不是一回事儿，营养价值差别很大。现在市场上很多乳酸饮料都打着“酸奶”的旗号，而且品种、口味越来越多。一些生产者还故意混淆这两个原本不同的产品概念，所以你要不注意，很有可能就把不是酸奶的“酸奶”买回家了。

一、酸奶饮料营养过低

酸奶是由优质的牛奶经过乳酸菌发酵而成的，本质上属于牛奶的范畴，而酸奶饮料，也就是乳酸饮料只是饮料的一种，而不再是牛奶。所以，二者的营养成分含量差别很大，酸奶饮料的营养只有酸奶的1/3。

酸奶保存了鲜奶中所有的营养素。在牛奶发酵的过程中，乳酸菌分解了牛奶中的蛋白质和乳糖，这样不但特别易于牛奶的消化吸收，而且还能有效地抑制肠道内的细菌繁殖，有助于儿童大脑和神经系统的发育。此外，酸奶中的胆碱含量高，还能起到降低胆固醇的作用。

与酸奶相比，酸奶饮料的营养成分则远远不及。按照乳品行业的规定，100克的酸奶要求蛋白质的含量≥2.9克，而酸奶饮料的蛋白质含量却只有1克左右。另外，由于酸奶饮料里加了水和果汁，所以口味上也没有酸奶纯，尤其是奶味不够。

二、乳酸菌含量差距大

除了对人体有益的营养成分，酸奶饮料和酸奶在主要成分的含量上也有明显差距。活性乳酸菌不但是酸奶不同于普通牛奶的核心成分，也是酸奶区别于酸奶饮料的主要成分，它“负责”分解出对人体有益的物质，具有促进营养的吸收、调节胃肠道功能等多种保健的功效，而且它的含量还直接决定了酸奶品质的优劣。

但是，一般的酸奶饮料却只含有乳酸，而不含有这种能发酵的活性乳酸菌。虽然少数酸奶饮料中也含有活性乳酸菌，但含量却非常少。

此外，酸奶和酸奶饮料要求的保存条件也不一样。由于需要保持这种乳酸菌的活性，酸奶要保存在低温环境里，一般在2℃～8℃左右，而且保存时间通常在1个月以内。但酸奶饮料中的乳酸菌很少，甚至没有，所以保质期会比较长，保存条件也没那么严格，在室温下就能保存。

三、特殊人群慎重饮用

酸奶和酸奶饮料的差别如此大，但它们的营养、成分我们看不见、摸不着，只有饮用后的效果才能清晰地反映出来。所以，人们饮用的时候得慎重，选择营养价值高、对人体有益的来喝。

酸奶的口味很清爽，又有营养又保健，很适合各类人群饮用，尤其是对于那些缺乏乳糖酶，喝了鲜牛奶容易腹胀、腹泻的人，喝酸奶是个不错的选择。

喝酸奶尚且如此慎重，喝酸奶饮料就更不能盲目。酸奶饮料可以作为消暑、解渴的饮品，它在解渴的同时还有一定的营养价值，比如有些加了乳酸菌的发酵型含乳饮料，它的营养成分很低，绝不能代替牛奶和酸奶，特别是加了糖、水调制成的酸奶饮料就更差了。

三、区别奶和饮料

说到选择，除了要适合特定的人群、控制饮用量之外，最重要的就是在买酸奶的时候，千万别把酸奶饮料误当酸奶买了。如果你是冲着酸奶去的，倒不妨来个三招辨真假。

第一招：看标识。避免误把饮料当奶的方法很简单，就是要找标识。

首先是看蛋白质含量，这是分辨酸奶和酸奶饮料最主要的分界线。如果包装上的营养成分表中，标着蛋白质含量≥1 克，就是饮料；蛋白质含量≥2.9 克才是酸奶；如果连成分表都没有，那么十有八九就是劣质品，最好别买。

其次，要看是否有水。配料表上注明含“水”的就是酸奶饮料，酸奶中是不含水的。

其三，就是看标签，看看包装上是否标有“饮料”字样，很多酸奶饮料玩文字游戏，“饮料”二字几乎看不见，或标得异常隐蔽，恐怕需要您仔细找找。

第二招：辨口味。酸奶的奶味儿重，稠滑而醇厚，但酸奶饮料的奶味儿就淡多了，而且还有多种水果味儿。

第三招：选品牌。现在市场上的酸奶和酸奶饮料太多，即使再理性的消费，也很难辨别，所以最好的方法就是选购品牌产品。乳制品的卫生要求很高，气温高的环境，乳品很容易变质，因此品牌的产品让人更放心，质量也更有保证。

怎样喝牛奶最科学？

牛奶营养丰富、容易消化吸收、物美价廉、食用方便，是每天各种必需营养素最理想的天然来源之一，因此牛奶被称作“最接近完美的食品”，更被称为“白色血液”。

牛奶的营养价值很高，但是如果没有正确地去饮用，反而会事倍功半，甚至会对身体带来不良的影响。所以，推荐一些健康的喝牛奶的方式。

一、鲜奶搭配谷物吃

牛奶中富含大量的优质蛋白质和容易消化的乳脂肪，但是所含的碳水化合物却相对较少。如果早餐能够和富含碳水化合物的食物，如麦片、荞麦、馒头等一起食用，不仅能使优质蛋白质被节约下来用在组织更新恢复上，而且能提高谷物中蛋白质的生物价。同时由于谷物中的膳食纤维可增加牛奶在胃肠中的停留时间，使机体能更加完全地消化和吸收食物中的营养素，并且可以减少腹泻。

二、鲜奶温饮不煮沸

由于绝大多数亚洲人不能接受冷牛奶，因此，牛奶可以稍加热来饮用，但不要煮沸。因为煮沸后，牛奶蛋白质受高温作用会由溶胶状态转变成凝胶状态，钙出现沉淀，并且原本富含的维生素 C 和其他维生素被破坏，营养价值降低，同时其中的乳糖会发生焦化，而焦化乳糖可诱发癌症。

三、喜甜煮后再加糖

煮牛奶也有一定的学问。爱吃甜食的人会将白砂糖放入牛奶，然后煮热饮用，这样会使牛奶中的赖氨酸与糖在高温作用下发生反应，生成果糖基赖氨酸，这种物质不会被人体消化吸收，其结果是使人体特别是对大脑有益的赖氨酸遭到破坏，这对儿童生长发育尤其不利。所以要喝热的甜牛奶应该等牛奶不烫手时再加糖。

四、果汁鲜奶不同喝

牛奶中丰富的蛋白质，80% 以上是酪蛋白。酪蛋白在酸碱度值低于 4.6 的酸性环境下会凝集、沉淀，不利于消化吸收，还会引起消化不良。因此，冲调牛奶时不宜加入果汁或者果珍等酸性饮料。

五、睡前喝奶促睡眠

研究发现，牛奶中含有 2 种催眠物质，其中一种是能够促进睡眠的以血清素合成的色氨酸，由于它的作用，往往只需要一杯牛奶就可以使人入睡；另外一种则是具有类似麻醉镇静作用的天然吗啡类的物质。所以，如果在晚上有睡眠质量差、睡眠浅，可以在傍晚或临睡前 30 分钟时饮用，保证睡眠的质量。

六、不把牛奶当水喝

水对人体是非常重要的，为使体内保持体液代谢平衡，必须从饮食中得到补充。牛奶中含有大量水分，但由于是高渗性饮料，饮入过多，特别在出汗、失水过多时，容易导致脱水。由于牛奶中的钙镁离子会和药物生成稳定的化合物，如果用牛奶来送服药片，会影响药效。因此，牛奶是不能当水喝的。

除了参考以上喝牛奶的方式外，我们还在注意以下喝牛奶的禁忌：

一、不要空腹喝牛奶

早餐空腹喝牛奶有很多弊端，首先营养成分不能得到很好的消化吸收。有的人还可能因此而出现腹泻、腹痛，这是因为他们体内生成的乳糖酚较少或极少，空腹喝大量牛奶，奶中的乳糖不能被及时消化，被肠道内的细菌分解而产生大量的气体、酸液，刺激肠道收缩，出现腹痛、腹泻。因此，喝牛奶前最好先吃点东西，或边吃食物边饮用，以降低乳糖浓度，利于营养成分的吸收。

二、不宜高温加热

冲奶的水温控制在 40℃ ~50℃ 为宜，不要长时间高温蒸煮。牛奶中的蛋白质受到高温作用，会由溶胶状态变成凝胶状态，导致沉淀物出现，营养价值降低。

三、避免日光照射

鲜奶中的维生素B、维生素C受到日光照射易分解，即使是微弱的阳光照射超过6小时，也会使维生素B减少一半。

四、不要冰饮

炎热的夏季，人们喜欢喝冰牛奶，也有的同学自己用牛奶加工冷冻食用。其实，牛奶冰饮是不科学的。冷冻后，牛奶中的脂肪、蛋白质分离，味道明显减淡，营养成分也不易被吸收。

五、橘子与牛奶最好不要“打交道”

在喝牛奶前后1小时内不宜吃橘子。因为牛奶中的蛋白质一旦与橘子中的果酸相遇，就会发生凝固，从而影响牛奶的消化与吸收，在这个时间段里也不宜进食其他酸性水果。

六、牛奶与药不能同时服用

有的同学喜欢用牛奶代替白开水服药，其实，牛奶会明显地影响人体对药物的吸收。由于牛奶容易在药物的表面形成一个覆盖膜，使奶中的钙、镁等矿物质与药物发生化学反应，形成非水溶性物质，这不仅降低了药效，还可能对身体造成危害。因此，在服药前后1~2小时内最好不要喝牛奶。另外，滋补药切勿与牛奶同服。

怎样喝豆浆最合理？

现在喝豆浆的人也越来越多，但是你知道怎么样喝豆浆才是最正确的吗？如果方法不正确，反而会给身体带来很多的问题。

1. 豆浆性质偏寒，消化不良、嗝气和肾功能不好的人，最好少喝豆浆。另外，豆浆在酶的作用下能产气，所以腹胀、腹泻的人最好别喝豆浆。另外，急性胃炎和慢性浅表性胃炎者不宜食用豆制品，以免刺激胃酸分泌过多加重病情，或者引起胃肠胀气。

2. 豆浆中加红糖喝起来味甜香，但红糖里的有机酸和豆浆中的蛋白质结合后，可产生变性沉淀物，大大破坏了营养成分。白糖就不会有这种现象。

3. 忌喝未煮熟的豆浆。很多人喜欢买生豆浆回家自己加热，加热时看到泡沫上涌就误以为已经煮沸，其实这是豆浆的有机物质受热膨胀形成气泡造成的上冒现象，并非沸腾，是没有熟的。

4. 由于豆浆是由大豆制成的，而大豆里面含嘌呤成分很高，且属于寒性食物，所以有痛风症状、乏力、体虚、精神疲倦等症状的虚寒体质者都不适宜饮用豆浆。

5. 忌与药物同饮。豆浆一定不要与红霉素等抗生素一起服用，因为二者会发生拮抗化学反应，喝豆浆与服用抗生素的间隔时间最好在 1 个小时以上。

6. 常喝豆浆注意补锌，豆类中含有抑制剂、皂角素和外源凝集素，这些都是对人体不好的物质。对付它们的最好方法就是将豆浆煮沸煮熟，长期食用豆浆的人不要忘记补充微量元素锌。

7. 忌空腹饮豆浆。豆浆里的蛋白质大都会在人体内转化为热量而被消耗掉，不能充分起到补益作用。饮豆浆的同时吃些面包、糕点、馒头等淀粉类食品，可使豆浆中蛋白质等在淀粉的作用下，与胃液较充分地发生酶解，使营养物质被充分吸收。

怎样科学看待汉堡、薯条？

随着西式快餐纷纷进入我国，少年儿童便多了一道喜爱的美味佳品。

尤其是汉堡包、薯条等各种高热量的油炸食品，成了少年儿童的最爱。然而，过多吃西式快餐是有极大危害的，这不仅会使孩子患成人病，还会加大心血管疾病的危险性。

科学研究发现：经常吃西式快餐的孩子比不吃西式快餐的孩子哮喘发病率要高出 3 倍。西式快餐虽然味道美，但是营养结构却并不合理，突出表现为脂肪过多，碳水化合物、纤维素和维生素 B_6 等摄入明显不足，胆固醇含量偏高，长期食用者，会引发营养失衡，因血液中血红蛋白释放氧减慢而导致细胞缺氧，这也是近年来青少年哮喘的发病率日益上升的一个关键因素之一。

在这些西式快餐的发祥地美国，随着人们饮食方式的变化，尤其是风行了高热能、高脂肪、高碳水化合物的快餐之后，许多人的血管壁生出了一层黄色的油腻物，那就是人们熟知的心血管病的罪魁祸首——胆固醇。同时发现身边的肥胖者越来越多了，大约有 50% 的黑人以及 33.58% 的白人加入了胖子的行列。

由于快餐的高脂肪所养成的特殊口感习惯，使他们难以再接受其它食物，饮食习惯因此无法改变，由此导致肥胖症和心血管疾病的发生率居高不下。

另一方面，由于肥胖和心血管疾病，使他们在社交、寻找理想职业以及婚姻方面都容易遭受挫折。这一切，使美国人不得不重新审视他们最爱吃的快餐，同时这也是为什么美国从 20 世纪 90 年代初期开始猛醒，对西式快餐口诛笔伐的原因。他们对快餐业生产提出新的要求：富含新鲜蔬菜、低热能、低脂肪、使用对心血管有益的不饱和脂肪酸。甚至制定了相应的法律。美国人强烈的自我保护意识，值得我们借鉴。

由于中国人的胃肠纳食能力本身受到我国传统的食俗习惯影响，我们通常是以植物性食物为主，动物性食物为辅。三餐均以植物性食物垫底，再搭配以少量荤菜和蛋白质营养食物。因此，为了使人们尤其是少年儿童的健康得到保护，我国营养学专家忠告：最好不要在晚上食用西式快餐，不宜多吃含热量高的薯条、香肠、苹果派等油炸食品；尽量选择有蔬菜的品种，以补充维生素和矿物质摄入的不足；注意一天的膳食平衡；限制食用西式快餐的频率。

另外值得一提的是，汉堡包、油炸鸡大腿等食物不宜与炸薯条和可口可乐等配食，而应搭配以新鲜水果和时令蔬菜，这样才能够保证人体摄入营养的均衡。

想跟青少年朋友说的是，不要求大家彻底杜绝这种饮食，如果实在想吃，偶尔去吃一次解解馋也不是不可以，但是千万不要形成习惯，要为自身健康着想，克制自己，尽量地少吃。

如何看待街头小吃？

街头小吃十分常见，其对人体的危害很大。正处于长身体关键时期的青少年一定要有自己的判断，不要被那些美味所诱惑。

街头小吃摊点一般都是每晚临时摆出来的，所以大都不具备卫生条件。那么，它们的卫生状况如何？操作程序是否符合规定？从业人员有无健康证？

由于一般的小吃摊点附近没有固定的水龙头，因而他们的餐饮用水、洗刷用水全是从家里带来几桶水，这就需要他们非常节约。他们往往是一盆水洗几十副碗筷或上百副碗筷，有的甚至一个晚上只用一盆水。而抹布也是一布多用，既抹桌凳又擦手，擦手之后又抹碗碟。由于是一布多用，加之水源紧张，一块抹布整个晚上从没有清洗过，许多摊点的抹桌布变得油腻、漆黑。

小吃摊点的经营者由于摊位小、人手少，往往是一个人身兼老板、厨师、服务员、收银员等，遇到生意红火时，常常是做菜收钱忙得不亦乐乎。他们一双手既抓拿熟食品，又收钱找零，极不卫生。个别小吃摊点意识到水少洗碗洗不干净，于是就用起塑料袋，但有很多业主打不开塑料袋时，便用手指在嘴里沾上唾液打开塑料袋，然后就将食品放进塑料袋内，这样也极不卫生。

还就是你稍留心就会发现，那些街头小吃摊根本没有营业执照和卫生许可证；而那些卖家自身的健康状况我们也无从了解，不知其是否有某种传染病，是否携带某种病菌。更可怕的是，加工前的食物来源复杂，加工条件也不完善，生产与制作环节更是存在着太多不卫生因素。

另外，即使上述情况都是正规、合格的，由于街头本身环境差，尘土、污染物应有尽有，再加上所用的工具消毒不彻底，甚至不消毒，原本卫生的食品也会遭遇“二次污染”。

解馋事小，预防疾病事大，但凡是要吃进肚子的东西，都应当将其提高到是否危及生命的高度来对待，来不得丝毫马虎大意。倘若因一时贪嘴而吃了不卫生的食物，导致健康受到影响，就得不偿失了。因此，对于街头小吃，一定要冷静对待，抵制住空气中香味的诱惑。

疾病防治

感冒怎么办？

感冒是一种最常见的呼吸系统疾病，主要症状表现为发冷、出汗、全身酸痛、头痛、骨痛、肌肉痛、疲倦乏力、食欲不振、咳嗽、鼻塞等，传染性强，严重时会引起肺炎及其他并发症。

中医将感冒分为风寒型感冒、风热型感冒、暑湿型感冒和时行感冒（流行性感冒）4 种类型。根据辨证施治的原则，不同类型的感冒应选用不同的中成药治疗。

一、风寒型感冒

病人除了有鼻塞、喷嚏、咳嗽、头痛等一般症状外，还有畏寒、低热、无汗、肌肉疼痛、流清涕、吐稀薄白色痰、咽喉红肿疼痛、口不渴或渴喜热饮、苔薄白等特点，通常要穿很多衣服或盖大被子才觉得舒服点。这种感冒与病人感受风寒有关。治疗应以辛温解表为原则。病人可选用伤风感冒冲剂、感冒清热冲剂、九味羌活丸、通宣理肺丸、午时茶颗粒等药物治疗。若病人兼有内热便秘的症状，可服用防风通圣丸治疗。风寒型感冒病人忌用桑菊感冒片、银翘解毒片、羚翘解毒片、复方感冒片等药物。

二、风热型感冒

病人除了有鼻塞、流涕、咳嗽、头痛等感冒的一般症状外，还有发热重、痰液粘稠呈黄色、喉咙痛，通常在感冒症状之前就痛，痰通常黄色或带黑色，便秘等特点。治疗应以辛凉解表为原则。病人可选用香雪抗病毒口服液、感冒退热冲剂、板蓝根冲剂、银翘解毒丸、羚羊解毒丸等药物治疗。风热型感冒病人忌用九味羌活丸、理肺丸等药物。

三、暑湿型感冒

病人表现为畏寒、发热、口淡无味、头痛、头胀、腹痛、腹泻等症状。此类型感冒多发生在夏季。治疗应以清暑、祛湿、解表为主。病人可选用藿香正气水、银翘解毒丸等药物治疗。如果病人胃肠道症状较重，不宜选用保和丸、山楂丸、香砂养胃丸等药物。

四、时行感冒

病人的症状与风热感冒的症状相似。但时行感冒病人较风热感冒病人的症状重。病人可表现为突然畏寒、高热、头痛、怕冷、寒战、头痛剧烈、全身酸痛、疲乏无力、鼻塞、流涕、干咳、胸痛、恶心、食欲不振等症状。治疗应以清热解毒、疏风透表为主。病人可选用香雪抗病毒口服液、防风通圣丸、重感灵片、重感片等药物治疗。如果时行感冒的病人单用银翘解毒片、强力银翘片、夏桑菊感冒片或牛黄解毒片等药物治疗，则疗效较差。

中毒型流感病人则表现为：高热、说胡话、昏迷、抽搐，有时能致人死亡。因此病极易传播，故应及早隔离和治疗。

杜绝感冒，预防最重要。首先，要做到适当增减衣服；其次，要注意常开窗通风换气，保持室内空气流通，干净清洁，勤晒衣被；第三，坚持锻炼身体，增强体质，提高抗病能力，这才是最有效的办法；第四，

"流感"流行期间，尽量不要去人多的地方，避免和流行性感冒患者亲密接触。

中暑怎么办？

中暑是指在高温和热辐射的长时间作用下，机体体温调节障碍，水、电解质代谢紊乱及神经系统功能损害的症状的总称。中暑是一种威胁生命的急诊病，若不给予迅速有力的治疗，可引起抽搐和死亡，永久性脑损害或肾脏衰竭。

诱发中暑的因素很复杂，但其中主要因素还是气温。根据气象特点，可将发生中暑现场小气候分为两类：一类是干热环境，这是以高气温、强辐射热及低湿度为特点，环境气温一般可较室外高5℃～15℃，相对湿度常在40%以下；另一类为湿热环境，即气温高，湿度高，但辐射热并不强。由于气温在35℃～39℃时，人体2/3余热通过出汗蒸发排泄，此时如果周围环境潮湿，汗液则不易蒸发。

中暑的程度可以分为3级：

①先兆中暑。高温环境中，大量出汗、口渴、头昏、耳鸣、胸闷、心悸、恶心、四肢无力、注意力不集中，体温不超过37.5℃；

②轻度中暑。具有先兆中暑的症状，同时体温在38.5℃以上，并伴有面色潮红、胸闷、皮肤灼热等现象；或者皮肤湿冷、呕吐、血压下降、脉搏细而快的情况；

③重症中暑。除以上症状外，发生昏厥或痉挛；或不出汗，体温在40℃以上。

炎热的夏季，无论是外出旅游，还是上街购物，或者是上体育课，都有可能发生中暑，这时要迅速采取治疗措施。

1. 感到不适时要立刻离开高温环境，迅速到阴凉、通风的地方休息。

方便的话最好把衣扣和腰带解开，平躺在草地上，保持呼吸顺畅。

2. 若感觉情况比较严重，则要立即进行人工造风，对头部进行降温；也可找来用冷水浸湿的毛巾，包在头上进行降温。如果恰好附近有流动的河水，可以在保证安全的前提下进行冷水浴，以达到全身降温的目的。

3. 如果带着人丹、十滴水，可迅速按说明吃下。

4. 按摩人中、合谷、曲池等穴位，可使症状得以缓解。

5. 适量饮用含盐分的冷开水，利于快速恢复正常。

其实，中暑贵在预防，大意是祸根。炎热的夏日，一定要做好防暑工作。

一、出行躲避烈日

夏日出门记得要备好防晒用具，最好不要在10时至16时的烈日下行走，因为这个时间段的阳光最强烈，发生中暑的可能性是平时的10倍。如果此时必须外出，一定要做好防护工作，如打遮阳伞、戴遮阳帽、戴太阳镜，有条件的最好涂抹防晒霜。

二、准备充足的水和饮料

不要等口渴了才喝水，因为口渴已表示身体已经缺水了。最理想的是根据气温的高低，每天喝1.5～2升水。出汗较多时可适当补充一些盐水，弥补人体因出汗而失去的盐分。夏天的时令蔬菜，如生菜、黄瓜、西红柿等的含水量较高；新鲜水果，如桃子、杏、西瓜、甜瓜等水分含量为80%～90%，都可以用来补充水分。另外，乳制品既能补水，又能满足身体的营养之需。

三、常备必需药品

在炎热的夏季，防暑降温药品，如十滴水、仁丹、风油精等一定要备在身边，以防应急之用。

四、保持充足睡眠

夏天日长夜短，气温高，人体新陈代谢旺盛，消耗也大，容易感到疲劳。充足的睡眠，可使大脑和身体各系统都得到放松，既利于学习，也是预防中暑的需要。睡眠时注意不要躺在空调的出风口和电风扇下，以免患上空调病和热伤风。

贫血怎么办？

贫血是青少年最常见疾病之一，它不仅影响青少年正常的生长发育，而且对学生的智力行为及免疫功能等有很大的危害，是学生常见病中重点防治疾病之一。青少年贫血主要是缺铁性贫血，属营养性贫血，因此防治工作的重点是饮食调整膳食结构和合理营养。

预防贫血首先应该从认识上加以重视，即使是轻度贫血也会对个人健康、未来工作能力产生影响。常用的控制铁缺乏和缺铁性贫血的措施可分为以下几种：

1. 改进膳食习惯，建立健康的生活饮食行为。目标是增加铁的摄入和生物利用率，多摄入参与红细胞生成的营养素，如维生素 C、维生素 A、维生素 B_2、叶酸和维生素 B_{12} 等。摄入足量的多样化的食物，包括含血红素铁的肉禽鱼，其它富铁食物和谷物以及蔬菜水果等富含维生素 C 的食物。改变偏食、挑食等不良习惯；尽可能减少铁吸收的抑制因素，如减少多酚类（茶叶、咖啡）的大量摄入；使用铁锅烹调；重视食品卫生；通过体育活动增加能量消耗，使增加的富铁食物不增加肥胖的发生危险。

2. 食用铁强化食物，对食品进行铁强化是世界公认的预防缺铁性贫血的有效方法，在发达国家已有 50 多年的应用实践。美国自 1941 年起就

在面粉中加入强化铁，发展中国家从 20 世纪九十年代起大规模使用强化食品，我国近年开始推广铁强化酱油，通过使用铁强化酱油进行贫血的预防已经在我国的一些地区取得较好的效果。

3. 如果是由于寄生虫原因引起的贫血，应该在补铁的同时进行驱虫。而对于那些由于经常性的感染引发的贫血，则应该进行感染的治疗和控制。

4. 补铁疗法及补充铁剂。补铁疗法是针对缺铁性贫血病人，一般采用价格低廉且效果明显的口服硫酸亚铁，在医生的指导下服用。日常补充铁剂主要是为了预防缺铁性贫血。

总咳嗽怎么办？

咳嗽是呼吸道感染或受刺激时的明显症状。通过咳嗽可把气管内的异物或分泌物排出体外，以保持呼吸道通畅。呼吸道感染时，如过早应用止咳药物，甚至中枢镇咳剂，会使痰液停滞在气管内，给感染扩散提供条件。所以，早期咳嗽是不宜用镇咳药物的。

依据持续的时间和咳出物我们可以判断咳嗽的病因：突发性的咳嗽往往是吸人了异物引起的保护性咳嗽；而感冒引起的咳嗽往往持续数天；通常慢性、持续性的咳嗽多是病理性的，病因可能是吸烟、变态反应、哮喘、气管炎、慢性支气管炎、肺气肿、肺结核、肺癌等。

从咳出物的性质、颜色、粘稠度提示我们疾病的性质和严重程度。一般来说，若干咳伴背、腿痛，发热，体温超过 39℃，头痛、咽喉痛，可判断为流感；若痰变为黄绿色，则提示病菌已上行感染，多是上呼吸道感染、支气管炎、鼻窦炎等；若咳嗽伴有呼吸困难、喘息、胸闷，可诊断为支气管哮喘；如果咳出粉红色血痰或是黄色铁锈样痰，并伴有胸痛、头痛、发热、呼吸困难，则可能是感染了肺炎。

咯血是一种严重症状，如果发生，应立即去看医生。它潜在的病因有可能很严重，也可能并不严重。所以必须去医院作系统检查。有时牙龈出血、鼻出血可能被误以为咯血。咯血一般是鼻腔、咽喉、气管、肺血管破裂所至。最常见的原因是感染，如支气管炎、肺结核、肺炎等，肺癌、血友病也会大量咯血。

那么总是咳嗽，我们怎么办呢？

一、发挥机体自身的力量

一般来说咳嗽并非致命疾病，如果只是于咳、鼻塞、喉咙痛等感冒症状，则无需服药，让机体自身的免疫系统来对付就行了。其实，偶尔的感冒对锻炼我们的机体免疫机能不无好处。滥用镇咳药不仅降低机体清洁呼吸道的功能，而且可能会掩盖严重的疾病，这种危害在咳嗽伴有大量咯痰时更为严重。所以，无论使用镇咳药或秘方都不要超过 7 ~ 10 天，最好只是晚上用来缓解咳嗽。

二、有选择地服用药物

一般来说细菌引起的咳嗽可用抗生素来治疗，但病毒性的感冒抗生素不起作用。若感冒病人痰液黏稠，可使用祛痰药以减少痰液分泌。干咳的病人可使用润喉片、甘草片或止咳糖浆来降低机体的易感性，从而缓解咳嗽。但无论使用哪一种药，都不要服用时间太长，而且必须在医生的指导下服用。

三、大量饮水

摄取大量的水分有助于稀化粘痰，使其容易咳出，白开水和果菜汁都是很好的康复饮料，梨汁、西瓜汁、苹果汁、萝卜汁等都是止咳的良药，每天不妨喝它 4 ~5 大杯。但注意不要加糖和盐，如果想喝甜的，可以加一点蜂蜜，蜂蜜有润肺通便的作用，有利于症状的减轻。尽量避免饮用含有咖啡因和酒精的饮料，因为这些饮料有利尿的作用，使体液消耗过快。

四、保持空气湿润

增加室内的空气湿度有助于减轻咳嗽、喉咙痛、鼻腔干燥等不适，可以使用加湿器或茶壶烧水加湿。

五、垫高枕头

如果咳嗽让你辗转难眠，有一种缓解的办法可以帮助你。试试将枕头垫高20厘米，侧卧而眠。它可以防止黏液积聚，也可以防止胃中有刺激性的酸性物质返流到食管进而吸入。

六、指压治疗

严重的咳嗽可导致上背部肌肉收缩甚至痉挛，此时按压肺经尺泽穴可缓解疼痛。

七、平衡饮食

平衡饮食、补充水分是咳嗽病人辅助治疗的基本要求，平时应注意不要食用辛辣刺激的食物，以免加重病情。同时，还应注意补充蛋白质及各种维生素，以帮助机体早日康复。

有口臭怎么办？

所谓口臭（也有称“口气”的），就是人口中散发出来的令别人厌烦、使自己尴尬的难闻的口气。别小看口臭这小小的毛病，它会使人（尤其是年轻人）不敢与人近距离交往，从而产生自卑心理，影响正常的人际、情感交流，令人十分苦恼。

有些人，口臭较重，自己就可以闻到自己的口气臭秽；而有些人，通过他人的反应，才知道自己口臭。自测口气的方法：将左右两手掌合拢并收成封闭的碗状，包住嘴部及鼻头处，然后向聚拢的双掌中呼一口气后紧接着用鼻吸气，就可闻到自己口中的气味如何了。

口臭是一种惹人讨厌的疾病，什么原因会引起口臭呢？较常见的原因有以下几种：

1. 口腔不清洁，牙齿没刷干净。

2. 龋齿蛀孔，孔中残留的食物残渣腐败，细菌发酵而致口臭。

3. 口腔经常性溃疡。

4. 脾胃消化不良，胃中积食而致口臭。人的口腔里有许多细菌，这些腐败细菌活动的强弱和人口腔唾液酸碱度有直接关系。当口腔唾液呈中性或弱碱性时，这类细菌活动很弱，当口腔唾液呈酸性时，它们则活动频繁，增殖也快，容易发生口臭。人若脾胃健康，消化能力强时，唾液呈现中性或碱性，无口臭；若脾胃消化不良，有积食时，体内物质代谢就会发生变化，以致影响唾液的酸碱度使之呈酸性，所以胃中宿食的人也会产生口臭。

一旦发生口臭该怎么办呢？

防治口臭的方法为：

1. 进食不宜过饱，尤其是晚餐应该清淡而适量，以免宿食消化不良。

2. 少吃辛辣刺激性食物，少吃甜食。

3. 睡前不吃零食，养成饭后漱口、睡前刷牙的习惯，特别是注意剔除残留在牙缝中的肉屑，这类含蛋白质较高的食物最易引起口臭。

4. 多吃蔬菜，防治便秘，保持大便通畅。

5. 根治口腔和牙齿的病灶。

6. 合理选用药物牙膏。目前市场上防龋治病的药物牙膏有两种类型，一类是防龋抑菌；另一类则消除牙菌斑，减少牙周疾患。在选用药物牙膏时要考虑到自己口腔情况和药物牙膏的主要功能。如因牙龈炎、口腔炎、牙龈化脓而导致口臭的，应选用草珊瑚、芳草、一见喜、两面针等牙膏。此类牙膏含有抗菌、抑菌、消炎的中草药，可起到消除炎症及抑制病菌的作用，可防治口臭。

7. 适当服药。如因消化不良而引起口臭的，应经常吃点保和丸、山楂丸、维生素 B_1、多酶片等帮助消化的中西药；如呼气腐臭，多为龋齿或口腔溃疡引起的，可用知母、地骨皮、黄芩、麦冬、甘草煎水服用。

8. 茶叶除臭。平时可把第一次泡过的茶叶放入口中，慢慢细嚼数分钟，也可以祛除口臭。

有龋齿怎么办？

龋齿俗称“虫牙”或“蛀牙”，真正的病因尚不十分明确。龋齿是牙齿硬组织逐渐被破坏的一种疾病。发病开始在牙冠，如不及时治疗，病变继续发展，形成龋洞，终至牙冠完全破坏消失。未经治疗的龋洞是不会自行愈合的，其发展的最终结果是牙齿丧失。龋齿是细菌性疾病，因此它可以继发牙髓炎和根尖周炎，甚至能引起牙槽骨和颌骨炎症。龋齿的继发感染可以形成病灶，致成关节炎、心骨膜炎、慢性肾炎和多种眼病等全身其他疾病。

龋齿的预防方法，首先要减少或消除病原刺激物，减少或消除菌斑，改变口腔环境。创造清洁条件是防龋的重要环节，最实际有效的办法是刷牙和漱口。要做到每天刷牙，饭后漱口，最好是坚持睡前刷牙一次。刷牙的方法要正确，刷牙时，牙刷要上下移动，刷咬合面时，要来回刷。牙齿的内侧面也应注意刷净，将残留在牙面牙缝隙里的食物彻底清除。定期检查，发现龋齿及时填补。

其次，减少或控制饮食中的糖。应养成少吃零食和糖果糕点的习惯，睡前不吃糖。养成多吃蔬菜、水果和含钙、磷、维生素等多的食物。要尽可能吃些粗粮。近来国际上提倡控制饮食中的碳水化物、使用代糖来

降低龋齿，这在我国当前是不实际的，也是不经济的。

再次，增强牙齿的抗龋性，主要是通过氟化法增加牙齿中的氟素，特别是改变釉质表面或表面的结构，增强其抗龋性。近代被认为效果较好的方法有：自来水氟化、学校饮水氟化、牙面涂氟、含氟牙膏刷牙、氟溶液漱口等方法。

另外，多喝茶也可以有效预防龋齿。茶中含有氟，氟离子与牙齿的钙质有很大的亲和力，能变成一种较为难溶于酸的“氟磷灰石”，就像给牙齿加上一个保护层，提高了牙齿防酸抗龋能力。

龋病治疗的目的在于终止病变过程，阻止其继续发展，并恢复牙齿的固有形态和功能。由于牙齿结构特殊，虽有再矿化能力，但对实质性缺损无自身修复能力。除少数情况可用药物外，均需根据牙齿缺损的范围体积采用充填术、嵌体或人造冠修复治疗，以恢复形态和功能。龋齿常见的治疗方法有：

一、药物治疗

药物治疗是在磨除龋坏的基础上应用药物抑制龋病发展的方法，适用于恒牙尚未成洞的浅龋，乳前牙的浅中龋洞。常用药物包括氨硝酸银和氟化钠等。

治疗方法：先将龋坏组织尽可能磨除并磨去洞缘牙齿薄片，使洞敞开；以棉条隔离唾液，擦干牙面后以小棉球蘸氨硝酸银溶液涂擦龋坏牙面1~2分钟，然后用温热气枪吹干再涂，如此两次，然后以蘸丁香油小棉球涂擦使之还原成黑色，吹干即完成治疗。所形成的还原银沉淀于牙本质小管中阻塞牙本质小管，阻止龋的发展。一般每周进行1次，3~4次为一疗程，3~6月后复查，治疗中应防止灼伤软组织。

二、充填术

对已形成实质性缺损的牙齿，充填术是目前应用最广泛且成效较好的方法，其基本过程可分为两步：先去除龋坏组织和失去支持的薄弱牙体组织，并按一定要求将窝洞制成合理的形态然后以充填材料，填充恢复其固有形态和功能。

口腔溃疡怎么办？

口腔溃疡，又称为“口疮”，是发生在口腔黏膜上的表浅性溃疡，大小可从米粒至黄豆大小、成圆形或卵圆形，溃疡面为凹、周围充血，可因刺激性食物引发疼痛，一般一至两个星期可以自愈。口腔溃疡成周期性反复发生，医学上称“复发性口腔溃疡”。可一年发病数次，也可以一个月发病几次，甚至新旧病变交替出现。复发性口腔溃疡是一种以周期性反复发作为特点的口腔黏膜局限性溃疡损伤，可自愈。可发生在口腔黏膜的任何部位，以口腔的唇、颊、软腭或齿龈等处的黏膜，发生单个或者多个大小不等的圆形或椭圆形溃疡，表面覆盖灰白或蓝色假膜溃疡，边界清楚，周围黏膜红而微肿，局部灼痛为主要特征。

口腔溃疡多数是由口腔炎症造成的。常见的原因有：吃了过热、过硬的食物，烫伤口或磨损腔黏膜而引起；对某些药物和食物过敏所致；缺乏维生素 B_2 和维生素 C；某些急性传染病，如麻疹、白喉、猩红热护理不当所造成的；病毒和细菌感染引起的口腔炎（常见的病毒有单纯性疱疹病毒，细菌感染多见于链球菌、梭形杆菌和螺旋体）；口腔不洁。

口腔溃疡的病因较复杂，临床治疗要根据不同的诱因，针对性地治疗，才能获得好的疗效。如：解除精神紧张的压力、镇静、安眠、戒烟、酒等；有消化道疾患的要治疗相应的疾病，增加机体的抵抗力，对于溃疡局部，可采用局部涂擦止痛，消炎，促进愈合的药物。如：鱼肝油糊剂，强的松糊剂，养阴生肌散，溃疡膏等，或者在进食前局部涂擦局麻药，以减轻疼痛。

消炎、止痛、促进溃疡愈合是治疗口腔溃疡的主要目的。治疗方法较多，根据病情选用：

1. 含漱剂：0.25%金霉素溶液，1∶5000氯已定洗必泰溶液，1∶5000高锰酸钾溶液，1∶5000呋喃西林溶液等。

2. 含片：杜米芬含片，溶菌酶含片，氯已定含片。

3. 散剂：冰硼散，锡类散，青黛散，养阴生肌散，黄连散等是中医传统治疗口腔溃疡的主要药。此外，复方倍他米松撒布亦有消炎、止痛、促进溃疡愈合作用。

4. 药膜：其基质中含有抗生素及可的松等药物，用时先将溃疡处擦干、剪下与病变面积大小相近的药膜，贴于溃疡上，有减轻疼痛、保护溃疡面、促进愈合的作用。

5. 止痛剂：有0.5%～1%普鲁卡因液，0.5%～1%达克罗宁液，0.5%～1%地卡因液，用时涂于溃疡面上，连续2次，用于进食前暂时止痛。

6. 烧灼法：适用于溃疡数目少，面积小且间歇期长者。方法是先用2%地卡因表面麻醉后，隔湿、擦干溃疡面，用一面积小于溃疡面的小棉球蘸上10%硝酸银液或50%三氮醋酸酊或碘酚液，放于溃疡面上，至表面发白为度。这些药物可使溃疡面上蛋白质沉淀而形成薄膜保护溃疡面，促进愈合，操作时应注意药液不能蘸得太多，不能烧灼邻近健康组织。

7. 局部封闭：适用于腺周口疮。以2.5%醋酸泼尼龙混悬液0.5～1毫升加入1%普鲁卡因液1毫升注射于溃疡下部组织内，每周1～2次，共用2～4次，有加速溃疡愈合作用。

8. 激光治疗：用氦氖激光照射，可使黏膜再生过程活跃，炎症反应下降，促进愈合。治疗时，照射时间为30秒～5分钟，一次照射不宜多于5个病损。

口腔溃疡在很大程度上与个人身体素质有关，因此要想完全避免其发生可能性不大，但如果尽量避免诱发因素，仍可降低发生率。

具体措施是：注意口腔卫生，避免损伤口腔黏膜，避免辛辣性食物和局部刺激；保持心情舒畅，乐观开朗，避免着急；保证充足的睡眠时间，避免过度疲劳；注意生活规律性和营养均衡性，养成一定排便习惯，防止便秘。

患了沙眼怎么办？

沙眼是由沙眼衣原体引起的一种传染性结膜、角膜炎。沙眼衣原体存在于患者的眼分泌物中，分泌物是传染的媒介。

沙眼衣原体的毒素对眼结膜有强烈的侵蚀作用，它的潜伏期通常为5～12天。急性发病时衣原体在上皮细胞内繁殖，发生弥漫性炎症，细胞浸润、结膜混浊、充血，眼睑结膜上皮高度增生形成乳头肥大和泸泡，角膜血管呈垂帘状，在角膜浅层由上向下生长，并伴随着潜在溃疡，有向瞳孔区发展影响视力的倾向；重者遍及全部角膜，视力严重障碍。如未及时彻底治疗或反复重复感染，造成慢性后，结膜上的乳头及泸泡逐渐形成疤痕，睑结膜开始出现白色条状和网状疤痕。因此，临床上如出现结膜混浊肥厚，同时伴有乳头肥大、泸泡增生或角膜血管翳三项之一者，就可确诊为沙眼。

患了沙眼后具体表现为什么症状呢？轻型可无不适症状，或仅有轻度异物感，不影响视力。重症沙眼角膜受累严重，会出现怕光、流泪、疼痛等刺激症状，视力有不同程度减退，甚至会导致失明。

根据体征，沙眼可分为急性沙眼和慢性沙眼：

急性沙眼：呈现急性滤泡结膜炎症状，睑红肿，结膜高度充血，因乳头增生睑结膜粗糙不平，上下穹隆部结膜满面滤泡，合并有弥漫性角膜上皮炎及耳前淋巴结肿大。数周后急性炎症消退，转为慢性期。

慢性沙眼：可因反复感染，病程迁延数年至十多年。充血程度虽减轻，但与皮下组织有弥漫性细胞浸润，结膜显污秽肥厚，同时有乳头增生及滤泡形成，滤泡大小不等，可显胶样，病变以上穹隆及睑板上缘结膜显著。同样病变亦见于下睑结膜及下穹隆结膜，严重者甚至可侵及半月皱壁。角膜血管翳：它是由角膜缘外正常的毛细血管网，越过角膜缘进入透明角膜，影响视力，并逐渐向瞳孔区发展，伴有细胞浸润及发展为浅的小溃疡，痊愈后可形成角膜小面。

沙眼的病程较长，可延续数年或数十年，还会出现很多并发症及后遗症，如睑下垂、睑内翻、倒睫等。

患了沙眼怎么办呢？

1. 沙眼的病程与感染轻重和是否重复感染有关。因此要早发现，彻底治疗，防止重复感染。一旦感到眼有异物感或痒时，应及时检查治疗，即使无任何不适也应定期检查双眼，以便及时发现、治疗。

2. 局部用药。0.5%金霉素眼膏或0.1%利福平溶液，每日滴眼3~6次，持续1~3个月用药，效果较好。10%~30%磺胺醋酰钠眼药水易于保存，效果亦佳。

3. 内服磺胺类药物。

4. 切断传染途径，不接触沙眼患者的分泌物，不让自己的眼分泌物重复感染。

5. 养成良好的卫生习惯，不用手揉眼睛，要有自己专用的毛巾、手帕、面盆，并定期进行消毒。

6. 有后遗症可适当采用手术治疗。

另外，沙眼是通过接触传染的，所以我们要注意平时不要同病人共用手帕、毛巾、洗脸水，或者用在公共场合触摸过东西的脏手去揉自己的眼睛，以切断沙眼的传播通道，否则，被传染上沙眼的可能性就会增大。

最后，我们平时要定期检查沙眼，争取早发现，早治疗，并且治疗要彻底。

患了假性近视怎么办？

常见于青少年学生在看近物时，由于使用调节的程度过强和持续时间太长，造成睫状肌的持续性收缩，引起调节紧张或调节痉挛，因而在长时间读写后转为看远时，不能很快放松调节，而造成头晕、眼胀、视力下降等视力疲劳症状。这种由于眼的屈光力增强，使眼球处于近视状态，称为假性近视。

假性近视是相对真性近视而言。真正的近视眼是正视眼的屈光系统处于静止状态，即解除了调节作用后，眼的远点位于有限距离之内。换句话说，近视眼是由于先天或后天的因素而造成眼球前后径变长，平行光线进入眼内后在视网膜前形成焦点，引起视物模糊。而假性近视眼，是在看远处物体时还有部分调节作用参加。

假性近视和真性近视从症状上看都有视力疲劳、远视力不好而近视力好的特征。但假性近视属于功能性改变，没有眼球前后径变长的问题，只是调节痉挛，经睫状肌麻痹药点眼后，多数可转为远视或正视眼。如果按真性近视治疗戴了近视镜片，眼睛会感到很不舒服，因它并没有解除调节痉挛，甚至还有导致近视发展的危险。因此假性近视与真性近视的治疗不同。

目前治疗假性近视的方法很多，主要是放松调节，达到治假防真目的。常用的方法有：

1. 放松调节。

（1）散瞳疗法：应用睫状肌麻痹剂散瞳，目前常用眼药水点眼每日1次。

（2）戴凸透镜法：先让病人戴一个较高度数的凸透镜，注视5米远的视力表，使睫状肌放松，然后调整凸透镜的度数，使视力达到基本正常为止。

（3）远眺法：在学习或写字1~2个小时后远眺大自然景色，使睫状肌调节松弛。坚持做眼保健操每日3~4次。

2. 采用提高视觉中枢的兴奋性，改善视觉功能的方法：直流电治疗近视眼，耳针，梅花针，穴位按摩，穴位导电，气功疗法和冷水浴疗法等。主要是增加大脑的视中枢及视神经细胞的兴奋性，可使远近视力均有提高。

3. 改善学习环境：阅读和写字注意保持30厘米距离和正确的姿势。注意自然光线和保证室内充足的照明。劳逸结合，改掉不良的学习习惯，每阅读1小时应休息10~15分钟，不要躺着或走路看书。注意加强体育锻炼。

由于假性近视是随着看近时间的延长和调节度的增加而加重，随着看远和调节放松的程度而减轻或消失，所以假性近视具有治则消、不治又可复发的特点。采取多种方法治疗都可能有一定的效果，但都不能持久。因此教育青少年儿童从小养成保护视力的习惯，避免眼睫状肌调节过度而持续紧张，是预防发生近视眼的关键。

另外，为了眼睛的健康，喜欢吃甜食的学生们快快管住自己的嘴。尽量减少摄入蔗糖、葡萄糖、果糖等，并适当增加瘦肉、蛋、奶、鱼、虾等富含铬、钙的食物，及糙米、芝麻等富含维生素B_1食物的摄入量，它们可以帮助眼睛补充营养、缓解疲劳。

患了近视怎么办？

近视眼是指眼在不使用调节时，平行光线通过眼的屈光系统屈折后，焦点落在视网膜之前的一种屈光状态。所以近视眼不能看清远方的目标。若将目标逐渐向眼移近、发出的光线对眼呈一定程度的散开，形成焦点就向后移。将目标物移近至眼前的某一点，此点离眼的位置愈近，近视眼的程度愈深。

近视发生的原因大多为眼球前后轴过长（称为轴性近视），其次为眼的屈光力较强（称为屈率性近视）。近视多发生在青少年时期，遗传因素有一定影响，但其发生和发展，与灯光照明不足，阅读姿势不当，近距离工作较久等有密切关系。

大部分近视眼发生在青少年，在发育生长阶段度数逐年加深，到发育成熟以后即不发展或发展缓慢。其近视度数很少超过6D，眼底不发生退行性变化，视力可以配镜矫正，称为单纯性近视。另一种近视发生较早（在5~10岁之间即可发生），且进展很快，25岁以后继续发展，近视度数可达15D以上，常伴有眼底改变，视力不易矫正，称为变性近视。此外，习惯上常将3D以下近视称为轻度近视，3D~6D者称为中度近视，6D以上者称为高度近视。

那么患了近视，怎么办呢？

1. 配戴矫正眼镜，是目前国内外公认的最恰当、最有效、最安全的治疗方法。配镜前散瞳验光，排除假性近视，确定实际的屈光度。因青少年平时用眼很多，所以，易造成调节功能不稳定，此时注重用眼卫生与改善学习环境格外重要。

2. 青少年近视眼，如无特殊需要最好配普通框架式眼镜，既经济又实用。如因工作需要也可配隐形眼镜，经过长期观察隐形眼镜与框架式眼镜交替使用为好，前者要注意合理选配，正确取戴，并做到严格清洁消毒，及时更换隐形镜片，不宜等到镜片有破损再换，否则对眼睛可能造成损伤。

3. 近几年来，手术治疗近视眼有增无减。但是，根据现在的国情与人民生活水平的现状，不宜在广大青少年中开始手术治疗近视眼的方法，因为任何一种手术都是对眼部正常组织的破坏，由此引发的并发症也不少见，此类医疗纠纷逐年增多，且手术费用昂贵。

近视者可补充的营养物质：

1. 蛋白质：就巩膜来说，它能成为眼球的坚韧外壳，就是由于含有多种必需氨基酸，构成很坚固的纤维组织。巩膜虽有一定的坚韧性，但在眼轴前后径部位仍比较弱。肉、鱼、蛋、奶等动物性食物不仅含有丰富的蛋白质，而且含有全部必需氨基酸。

2. 钙：钙是骨骼的主要构成成分，也是巩膜的主要构成成分。钙的含量较高对增强巩膜的坚韧性起主要作用。食物中牛骨、猪骨、羊骨等动物骨骼含钙丰富，且易被人体吸收利用。其他如乳类、豆类产品、虾皮、虾米、鸡蛋、油菜、小白菜、花生米、大枣等含钙量也较多。

3. 锌：近视患者普遍缺乏铬和锌，近视患者应多吃一些含锌较多的食物。食物中如黄豆、杏仁、紫菜、海带、黄鱼、奶粉、茶叶、肉类、肝类等含锌和铬较多，可适量增加。补锌最好服用蛋白锌，如新稀宝片。

4. 维生素：是人体必需的营养物质。虽然人体对它们的需求量很小，但它们在人体物质和能量代谢中起着极为重要的作用。用食疗方法治疗近视时，应适当多补充些维生素 A、B_1、B_2、C 及 E。富含维生素的食品有蛋、奶、肉、鱼、肝脏和新鲜的蔬菜、水果。

5. 补肝益肾的食物：这些食物主要有枸杞、核桃、花生、大枣、桂圆、蜂蜜、虾、鱼、肉、蛋等。

经常性头痛怎么办？

头痛是许多疾病的常见的症状，多是由于短期或长期脑内血管充血、痉挛和颅内压的增高而发生的。

青少年期的头痛较成人少见。引起头痛的疾病很多，需根据头痛的性质、程度、部位、时间并结合体征、化验检查进行分析，才能查明原因。一般可从 3 方面考虑：

一、全身性疾病引起

1. 常见的有伤风感冒，除头痛外伴有发热、流涕、打喷嚏、咳嗽、咽喉痛。处理方法：注意休息，多饮开水，高热时服退热药。

2. 精神紧张，过度疲劳，睡眠不好，休息不够，饥饿等引起的头痛，多在饭前加重。处理方法：适当休息，加强营养或控制原发病，头痛可逐渐恢复。

3. 高血压所致。青少年单纯性高血压引起的头痛很少，一般多见于肾脏疾病引起并发症所致的全头胀痛，双颈侧头痛，严重时除持续剧烈头痛外，还伴有呕吐、腹泻、颅内高压表现。这时一定要尽快请医生治疗。

二、颅脑外局部因素（如眼、鼻、耳等器官病变）所致

1. 眼部疾病引发的头痛：常见的多是由于各种屈光不正，如近、远视、散光等所致。此外用眼时间较长如学习、看电视、玩游戏机等，或室内光线暗淡，眼肌疲劳，会引发头痛。另外眼眶内各种肿瘤或青光眼等也有可能引起头痛，都应及时纠正治疗。

2. 鼻部疾病引发的头痛：如急、慢性鼻窦炎，除头痛外，还伴有流黄脓鼻涕，低头时加重，须请医生诊治。

3. 耳部疾病引发的头痛：如急、慢性中耳炎，除头痛外，耳朵还流脓，不能自己挖耳朵，必须去医院检查治疗，否则鼓膜穿孔，影响听力。

三、颅脑内疾病引起

各种类型脑膜炎、脑炎、脑内肿痛都会引发头痛，除头痛外，还伴有高热呕吐、颈背强痛、昏迷、抽风等，应立即送医院治疗。

据统计资料表明，一般性的头痛 80% 左右是紧张性或神经血管性头痛，或偏头痛。它们的发生或加剧都与精神因素有关，即大多是因受到劣性精神刺激，或脑力活动持续时间过长而发作或加剧的。股市的潮起

潮落、麻将桌上的一赌输赢、学习的高度紧张、工作和社会竞争中得与失都是劣性的精神刺激。电脑旁的长时间工作、以及伏案疾书长时间用脑都容易造成大脑疲劳，引发头痛。

预防这类头痛的最佳对策是讲究心理卫生和生活卫生，让自己的心胸开阔，不被学习、生活中得失所困扰，避开不良的生活习惯和嗜好，不自寻苦恼。工作和学习讲究科学用脑，不过度疲劳，做到劳逸结合，保证每晚七八个小时的高质量睡眠，尽量使自己的生活有规律。

丰富生活内容，学会科学的休息，也是防治这类头痛的有效措施。有人说，脑力劳动强度大的人就容易头痛，这话没有科学根据。事实上好头痛的人，大多是不会休息的人。那些终日钻研科学或伏案写作的文学家，却很少有人头痛的，诀窍在于他们善于休息，生活内容充实而丰富多彩。俄国的大文豪托尔斯泰直至60岁时仍坚持每天到户外活动一小时，每周到郊外痛痛快快地玩半天，这也是他创作力永不枯竭和从来不头痛的原因之一。

预防神经性头痛还应注意改善自己的生活环境。因为不良的环境可扰乱人的情绪，而恶劣的情绪又是引发头痛的重要因素。因此，要把自己的工作间布置得井然有序，把生活环境搞得窗明几净，再用鲜花、绿草点缀，保持空气清新。这样的环境定会使你心情舒畅，也许会忘了头痛，甚至不再发生头痛。

便秘怎么办？

所谓便秘，从现代医学角度来看，它不是一种具体的疾病，而是多种疾病的一个症状。便秘在程度上有轻有重，在时间上可以是暂时的，也可以是长久的。由于引起便秘的原因很多，也很复杂，因此，一旦发生便秘，尤其是比较严重的，持续时间较长的便秘，这样的患者应及时到医院检查，查找引起便秘的原因，以免延误原发病的诊治，并能及时、正确、有效地解决便秘的痛苦，切勿滥用泻药。

便秘是排便次数明显减少，每2～3天或更长时间一次，无规律，粪质干硬，常伴有排便困难感的病理现象。有些正常人数天才排便一次，但无不适感，这种情况不属便秘。便秘可区分为急性与慢性两类。急性便秘由肠梗阻、肠麻痹、急性腹膜炎、脑血管意外等急性疾病引起；慢性便秘病因较复杂，一般可无明显症状。按发病部位分类，可分为两种：

1. 结肠性便秘。由于结肠内、外的机械性梗阻引起的便秘称之为机械性便秘。由于结肠蠕动功能减弱或丧失引起的便秘称之为无力性便秘。由于肠平滑肌痉挛引起的便秘称之为痉挛性便秘。

2. 直肠性便秘。由于直肠黏膜感受器敏感性减弱导致粪块在直肠堆积。见于直肠癌、肛周疾病等。

便秘是一件让人头疼的事情，治疗便秘其实有很多的方法，可以通过生活习惯上的调节，也可以通过药物的治疗，这里是一些常用办法的集锦，希望对便秘的你有所帮助。

便秘食疗秘方：

1. 每天清晨空腹时，饮用一杯冷盐开水（120毫升左右）或蜂蜜水（用60℃开水100毫升冲蜂蜜适量）。

2. 晚上睡觉前饮一杯酸牛奶。

3. 决明子75～100克，水煎当茶饮，每天数次。

4. 红薯叶250克左右，煮熟后，加冰糖适量进食，每天1～2次。

5. 核桃仁60克、黑芝麻30克共捣烂，每日早晚各服一匙，温开水送服。

6. 黑芝麻、核桃仁、柏子仁各25克共捣烂，加适量蜂蜜调服，分早晚两次空腹服完。

7. 生白术50～60克，水煎服。病重者可倍量煎服，每天1剂。

便秘用药治疗：

目前临床上应用的治疗便秘的药物有：容积性泻药、刺激性泻药、润滑性泻药、渗透性缓泻药、促动力药以及 5 – HT4 受体激动剂等。

1. 容积性泻药：也称为泻盐，因其不被肠壁吸收而又溶于水，故能在肠中吸收大量水分，使大便的容量增加，起到导泻作用。该类泻药的主要代表药是硫酸镁。但由于它不能使结肠张力增加，所以不宜用于那些肠道运动迟缓的病人。

2. 刺激性泻药：作用快、效力强，药物或者其代谢的产物可对肠壁产生刺激作用，使肠蠕动增加。该类药主要有：果导、蓖麻油、大黄、番泻叶等。但要注意，此类药因为刺激肠黏膜和肠壁神经丛，并可能引起大肠肌无力，形成药物依赖，因而主要用于需要迅速通便者，不宜长期应用。

3. 润滑性泻药：又称大便软化剂，此类药物的主要功能是润滑肠壁，软化大便，使大便易于排出，如液体石蜡等。这类药主要的缺点是口感差，作用弱，长期应用会引起脂溶性维生素吸收不良。

4. 渗透性缓泻药：如乳果糖，它不被人体吸收，通过细菌分解后释放有机酸在结肠起作用。尤其适宜于老年人、孕产妇、儿童及术后便秘者。糖尿病病人慎用。此类药的主要缺点是在细菌作用下发酵产生气体，引起腹胀等不适感。

5. 肠动力药：是通过加强肠肌张力来发挥作用，但常需要与其他药联合使用。代表的有替加色罗、聚乙二醇等。替加色罗对便秘型的肠易激综合征有一定疗效，特别适用于已经用过渗透性泻药和肠用纤维素仍无效的患者。聚乙二醇由于其不被肠道吸收，也不会在肠道内分解产酸，可用于成年人的多种原因所致的便秘。但该药不宜用于炎症性器质性肠病及未确诊的腹痛病人，服用此药时最好与其他药物间隔 2 小时。

便秘的预防：

1. 饮食中必须有适量的纤维素。

2. 每天要吃一定量的蔬菜与水果。早晚空腹吃苹果一个或每餐前吃香蕉 1 ~ 3 个。

3. 主食不要过于精细，要适当吃些粗粮。

4. 晨起空腹饮一杯淡盐水或蜂蜜水，配合腹部按摩或转腰，让水在肠胃振动，加强通便作用。全天都应多饮凉开水以助润肠通便。

5. 进行适当的体力活动，加强体育锻炼，比如仰卧屈腿、深蹲起立、骑自行车等都能加强腹部的运动，促进胃肠蠕动，有助于促进排便。

6. 每晚睡前按摩腹部，养成定时排便的习惯。

7. 保持心情舒畅，生活要有规律。

学生脱发怎么办？

雄激素原性脱发又称早秃，俗称“谢顶”，发生于青春期后，是青年男性中的发病率最高的脱发。该病以额部及头顶部渐进性脱发为特征，多见于从事脑力劳动的男性，常在 20～30 岁发病。这也是人体雄激素水平最高的年龄阶段。

一般认为其原因与遗传、忧虑、紧张、失眠、嗜好高糖高脂和刺激性食物有关。目前研究表明，它的发生与头皮局部雄激素受体的功能活跃有关。另外，美发资深人士认为，全身营养不良或消化不良、代谢功能不全等营养障碍，会使头发变得细而干燥，毛根发生萎缩，脆而易掉，从而出现早秃。注意经常补充一些头发生长所必需的铁、硫、维生素 A 和优质蛋白质等不失为预防早秃的重要措施。

一、多食植物蛋白

植物蛋白，可保证毛囊血液供应，防止头发早秃。大豆蛋白是中老年人防止早秃的最佳食品。此外，可选食黑豆、玉米等。

二、常食富含维生素 E 的食物

维生素 E 不仅可抗衰老，还可改善头皮毛囊的微循环，促进毛发生长。如卷心菜、鲜莴苣、黑芝麻等。

三、防止骨胶质的缺乏

可取牛骨（砸碎）0.1 千克，加水 0.5 千克，用文火煮 1 ~ 2 小时，使骨胶质溶解在浓汁中，可服用。

四、减少糖和脂肪的摄入

减少纯糖（如蔗糖、甜菜糖）和脂肪的摄入。应多吃素食豆制品、新鲜蔬菜等，并注意摄取含碘、钙、铁多的甲鱼、鲜奶和海带等。

有痤疮怎么办？

人们都希望有个光彩夺目的面容，可是青春期，面部常出现一些难以消除的小疙瘩——痤疮，这着实令人烦恼。要消除痤疮，我们应先了解痤疮的性质及引发原因。

痤疮，中医称粉刺，俗称酒刺、青春痘、暗疮等。多见于青年人，尤其是男性，而女性生痤疮大多时轻时重，常常与月经有明显关系。好发于面部、颈、胸部、上背部、臀部等皮脂腺较多的部位。青春期由于雄性激素的刺激，皮脂分泌增多；毛束皮脂腺管口角化、栓塞，皮脂淤积于毛束内；食用过多的脂类及糖类食物；便秘、消化不良、精神因素、遗传因素以及化学物质的刺激、长期服用皮质类固醇等等，都可成为致病因素。近年来研究证明，痤疮的发生与免疫系统也有一定的关系。

痤疮应注意防护，在家里应该采取的护肤措施如下：

一、清洁皮肤

针对患者皮肤油腻的特点，采取晨起和睡前交替使用中性偏碱香皂和仅适合油性皮肤使用的洗面奶洗脸，并用双手指腹顺皮纹方向轻轻按摩3～5分钟，以增强香皂和洗面奶的去污力，然后用温水或温热水洗干净，彻底清除当天皮肤上的灰尘、油垢。若遇面部尘埃、油脂较多，应及时用温水冲洗。一般洗脸次数以每日2～3次为宜。

二、疏通毛孔

当面部出现粉刺时，打一盆热水，把经洗面奶或细砂磨砂膏净面后的脸置于升腾的蒸汽中，而后用大毛巾包裹面部3分钟，促使毛孔打开，再用事先以75%酒精棉球消毒过的医用注射针头（5～7号）的针帽或粉刺器柔和地挤压粉刺边缘的皮肤，即可将粉刺挤出来。此法不易损害附近皮肤，不致留下疤痕。

三、正确选择化妆品

避免使用油性或粉质化妆品，酌情使用水质护肤品，尤忌浓妆。睡前应彻底清除当天的化妆品，并避免睡前涂抹营养霜、药膏等，使夜间的皮肤轻松、畅通，充分呼吸。

四、不要触摸

避免用手经常触摸已长出的粉刺或用头发及粉底霜极力掩盖皮疹，尤其要克服用手乱挤乱压粉刺的不良习惯，因为手上的细菌和头发上的赃物极易感染皮肤，加重粉刺，而乱挤乱压可致永久的凹陷性疤痕，留下终身遗憾。

五、注意饮食

饮食上少吃脂肪、高糖、辛辣、油煎的食品及白酒、咖啡等刺激性饮料，多吃蔬菜、水果、多饮开水。经常便秘者可用绿豆20克、薏米50克，同煮成粥，加少量冰糖调和，每日分两次服。

六、多做运动

坚持多做一些室内的大幅度运动，以加快血液循环，促使体内的废物及时排出体外，使皮肤在不断的出汗过程中保持毛孔通畅，随后及时加以清洗。

七、保持精神愉快

长了痤疮心理不要产生负担，以免引起神经内分泌紊乱，使痤疮加重。如觉得自己脸上的粉刺并不碍事，也不一定要用药，可等其自然消退，因粉刺消退后一般不会留下任何痕迹。若一味胡抠乱涂，倒会留下令人不悦的坑坑洼洼。但痤疮较重者，应到医院皮肤科诊治，不要盲目用药。

有腋臭怎么办？

腋臭俗称狐臭，是分布在体表皮肤如腋下、会阴、背上部位的大汗腺分泌物中产生散发出的一种特殊难闻的气味。首先我们先谈一下腋臭的发病原因。为什么有的人会有腋臭呢？这要从生理的角度来解释这一问题。

原来人的皮肤有两种汗腺，一种叫小汗腺，它分布于身体各处；另一部分叫大汗腺，只在腋窝、乳头周围、阴部和肛门等处存在，腋臭的发生与这种大汗腺的分泌物有密切的关系。正常情况下，大汗腺的分泌物是无臭味的，但在细菌的作用下，就会腐化分解为不饱和脂肪酸，便有了难闻的臭味。

同样道理，在人的阴部、肛门、乳头周围也可产生相同的臭味，但一般比较轻。而腋窝部出汗多，腋毛重，又不通风，这就有利于细菌的繁殖生长，所以腋窝臭味明显。又由于每个人大汗腺的发育程度和功能不同，因此一部分人才有轻重不同的腋臭。女子的大汗腺要比男子多，这样女子有腋臭的人也就比男子多。

青春期因内分泌影响，致使大汗腺分泌旺盛，这时候是最容易发生腋臭的。而到了老年，汗腺的分泌功能减退，臭味就会减轻消失。那么腋臭该如何预防和治疗呢？可从以下几个方面努力：

1. 勤洗澡、勤换衣，可用中性皂如舒服佳清洗大汗腺较集中的地方，养成早晚沐浴的习惯。局部搽冰片、滑石粉、西施兰露，减少汗腺分泌。局部可用75%酒精或0.5%安多脂杀灭局部细菌。

2. 皮肤汗腺切除：特点是切除腋下皮肤上的所有汗腺，疗效可靠，可彻底治愈腋臭。缺点是损伤太大，造成局部皮肤缺损、出血多，要缝针。由于缝合时皮肤张力大，限制了双上肢活动功能，易造成伤口感染，缝线脱落，造成较大的手术疤痕，影响上肢的活动功能。特别是疤痕体质者更不适宜。因此该手术治疗方法，只适用于严重的，经其它方法治疗效果不佳的病人，临床医生都非常慎重选用此方法。

3. 微小切口大汗腺清除术：方法是在腋下作一麦粒大小切口，用汗腺清除器进入腋下皮肤，仔细将汗腺破坏并清除出体外，达到根治腋臭目的。其特点是不开刀、不缝针、损伤小、出血少、无痛苦，没有疤痕。不影响病人的工作、学习、生活，手术后适当注意即可正常上学、上班。

4. 无痛注射除腋臭技术：这种方法方便快捷，不开刀，安全无副作用、不复发，无疤痕，无痛苦，不出血，是目前理想的方法。注射的药物针对性破坏汗腺细胞，安全可靠，能迅速被身体代谢。在达到破坏汗腺的效果后几小时内被人体代谢排出，对人体无任何副作用。注射后仅在注射部位在有少许青紫、肿胀2～3周就可消失。而且，治疗后不须休息，不影响工作，不影响洗澡。

另外，饮食也会影响到腋臭强弱。腋臭患者要少吃有强烈刺激的食物、戒烟酒。这些食物对人体有刺激作用，会干扰人体的正常生理功能，影响内分泌的调节，而过多的流汗和不饱和脂肪酸会把衣服染黄，并留下久久不散的味道，造成清洁上的困扰，这种症状青春期最为明显，夏季天热容易加重。建议戒烟酒，不吃或少吃有强烈刺激的食物如大蒜、大葱、洋葱、浓茶等，可以减轻臭味程度。

常吃蔬菜对人体有益，蔬菜中的纤维质虽不能被人体的肠胃所吸收，但本身会吸收大量的水分，增加粪便形成的软度，有益排便，从而排除体内的细菌和毒素，有效减少细菌经汗腺从皮肤排出体外，可以减轻狐臭。

有脚气怎么办？

脚气是一种极常见的真菌感染性皮肤病。成人中70%～80%的人有脚气，只是轻重不同而已。常在夏季加重，冬季减轻，也有人终年不愈。

脚气是足癣的俗名。有的人把“脚气”和“脚气病”混为一谈，这是不对的。医学上的“脚气病”是因维生素B缺乏引起的全身性疾病，而“脚气”则是由真菌（又称毒菌）感染所引起的一种常见皮肤病。

那么，怎样预防脚气呢？

1. 要保持脚的清洁干燥，汗脚要治疗。勤换鞋袜，趾缝紧密的人可用草纸夹在中间，以吸水通气。鞋子要通气良好。

2. 不要用别人的拖鞋、浴巾、擦布等，不要在澡堂、游泳池旁的污水中行走。

3. 公用澡堂、游泳池要做到污水经常处理，用漂白粉或氯亚明消毒，要形成制度，以防相互传染脚气。

如果你不小心染上了脚气，那也不要苦恼，试试以下方法：

1. 家庭用药

（1）糜烂型脚气先用15000高锰酸钾溶液或0.1%雷佛奴尔溶液浸泡，然后外涂龙胆紫或脚气粉，每日2次，待收干后再外搽脚气灵或癣敌药膏，每日 2 次。

（2）水疱型脚气每日用热水泡脚后外搽克霉唑癣药水或复方水杨酸酊剂 1 次。皮干后再搽脚气灵或癣敌膏。

（3）角化型脚气可外用复方苯甲酸膏或与复方水杨酸酒精交替外用，早晚各 1 次。最好涂药后用塑料薄膜包扎，使药物浸入厚皮，便于厚皮剥脱。

（4）近年来临床上应用足光粉治疗各型脚气，疗效显著，每晚泡脚 1 次，3 次奏效。具体用法可见说明。

2. 中药及偏方

（1）枯矾、黄柏、五倍子、乌贼骨，任选一种研末备用，洗净脚后撒于患处。适用于糜烂型脚气。

（2）苦参、白蘚皮、马齿苋、车前草各 30 克，苍术、黄柏各 15 克，每日煎洗 1 ~2 次。对水疱型脚气或有感染时应用有良好效果。

（3）白凤仙花 30 克，皂角 30 克，花椒 15 克，任选一种，放入半斤醋内，浸泡一天后，于每晚临睡前泡脚 20 分钟。连续治疗 7 天，对角化型脚气有良效。

3. 脚气是一种传染性皮肤病，应避免搔抓，如不及时治疗，有时可其它部位，如引起手癣和甲癣等，有时因为痒被抓破，继发细菌感染，会引起严重的并发症。洗脚盆及擦脚毛巾应分别使用以免传染他人。

4. 用药治疗的同时，对病人穿的鞋袜要进行消毒处理。可用日光曝晒或开水烫洗，最好用布块蘸 10% 福尔马林液塞入鞋中，装入塑料袋封存 48 小时，以达灭菌目的。

治疗脚气还要注意以下几点：

一、要坚持用药

足癣是一种慢性感染，真菌寄生角质层中生长繁殖。需长期用药才能杀死它。

二、不要乱用药

脚气用药最关键的是应分类型进行连贯正规的治疗。有人用肤轻松等皮质类固醇药膏来治疗足癣，结果越治越扩展；有人将阿司匹林片压碎撒在糜烂的足趾间，结果形成一个溃疡，长期疼痛不愈。有很多人在皮肤形成红痒斑块时外用皮炎平软膏是一个误区，皮炎平软膏中有大量的激素成分，而这正好是真菌的营养剂，所以在肯定是癣的情况下搽皮炎平，只会越搽越厉害。

三、用药要根据病变的具体情况

破溃处不能用酊剂，皮肤变厚、裂口应该用软膏。破烂出水时应该到医院，由医生按照具体情况进行适当的治疗。

四、对症用药

足癣发生继发感染时，局部出现急性炎症，就不能按一般足癣治疗，应该先处理继发感染。如有红肿，局部可外用硼酸水或呋喃西林液冷温敷可消炎消肿，必要时还要全身使用抗生素，并按照医生嘱咐适当休息。

患了灰指甲怎么办？

灰指甲在医学上称之为甲癣，是一种相当常见的、影响美观和生活的疾病。

正常人的指甲，是由硬角质蛋白质组成，表面平整、光滑、发亮，并有很细的平行沟纹，给人以一种健康的美感。但如果指甲颜色呈灰色或棕黄色，指甲高低不平，又厚又脆，有的卷曲破裂，有的前端蛀空，部分甲板与甲床分离等，这种指甲就是病态的，是医学上所说的甲癣，俗称灰指甲。

甲癣一般很少单独发生，大部分患者同时患有头癣、手癣、体癣、足癣。究其原因，可能是因患皮癣处瘙痒经常用手去抓，癣菌钻进指甲缝而引起甲癣病。引起灰指甲的癣菌，有红色表皮癣菌、紫色毛癣菌、絮状表皮癣菌等。灰指甲的主要致因是真菌，因此在治疗之前首先确定真菌的种类才能对症下药，有经验的专家可以根据灰指甲的颜色外观以及个人的病史判断出来。据统计，30%的皮肤真菌病患者都有甲癣，20%的指甲病变是由真菌引起的。

在各种皮肤癣病中灰指甲的确是最顽固难治的一种。许多患者在初得病时总是希望尽快把病治好，但往往是半途而废。还有些患者已经治好之后又重新感染真菌而发病。但只要采用正确的方法，坚持到底，灰指甲是一定能除根的。那么有了甲癣怎么办呢？

1. 如有头癣、体癣、手、足癣，应积极治疗，不能用手去抓，以防传染。万一搔抓了，应立即用水或肥皂水清洗干净，以减少传染机会。

2. 去除甲病。可用30%的冰醋酸外搽，一日2次，在用药前先用刀片削刮，使药物有机会渗透病甲，以杀灭霉菌。

3. 在治疗过程中要有耐心，坚持用药3~6个月。用过的洗面巾以及洗澡毛巾要经常煮沸，至少煮沸20分钟以上才能杀灭病菌，防止再感染。

4. 必要时可用手术拔除病甲，待创口愈合后，再外搽2.5%~5%碘酊或30%冰醋酸溶液等，每日两次直到新甲长出。

另外，也有一些参照艾滋病的鸡尾酒疗法的药品基本可以杀死90%上的真菌。

积极治疗手足癣、体癣及股癣，是预防甲癣的最佳措施。在接受正规治疗的基础上，日常生活中保持良好的个人卫生习惯，毛巾、拖鞋、脸盆等专人专用，定期进行消毒，避免交叉使用，尽量避免去卫生条件差的公共浴池、游泳池等，及时削剪除去病甲组织，保持足部干燥，勤换鞋袜，更换宽松、柔软的平跟鞋等，均有助于提高甲癣治愈率，减少复发。

总之，治疗灰指甲要因人制宜，因地制宜，坚持不懈。同时还应积极治疗身体其他部位的癣病及慢性全身性疾病，提高自身抵抗力，防治并重，这样才有可能彻底治愈灰指甲。

手脚多汗怎么办?

手足多汗症主要表现为手掌、足底多汗。轻度患者仅表现为手掌湿润，重度患者手掌可分泌出肉眼可见汗珠。出汗时多伴有手掌冰冷，仅少数患者出汗时手指能保持温暖。因手部皮肤常处于潮湿、浸泡状态，手掌蜕皮明显，常伴有皮炎。冬季时因肢端湿冷可导致冻疮，皮肤溃烂等症状。患者往往自儿童或少年时起出现手掌等部位的多汗，影响日常生活及工作。手部多汗容易影响手操作的灵活性，干扰手工操作，患者因避免与别人握手而影响人际交往，并产生躲避、焦虑的心态。调查表明50%的患者感觉自信心不足，38%的患者有挫折感，而有压抑感的患者也达到20%左右。

有全身性及限局性多汗两种。全身性多汗者皮肤表面常是湿润的，而且有阵发性的出汗。局部多汗常见于手掌、足跖、腋下、其次为鼻尖、前额、阴部等，多在青少年时发病，患者常伴有末梢血液循环功能障碍，如手足皮肤湿冷、青紫或苍白、易生冻疮等。足部多汗由于汗液蒸发不畅，致足底表皮浸渍发白，常伴足臭。腋窝部及阴部多汗时，由于该部皮肤薄嫩，经常潮湿摩擦，易发生擦烂红斑，伴发毛囊炎、疖等。

手汗症：手汗症为相当常见的一种原因不明的功能性局部异常多汗。因为人种上的特异性，生长在亚热带地区的年轻人，特别容易有此毛病。汗腺的分泌是经由交感神经所控制的，而手汗症即是因不明原因的交感神经过度紧张，例如紧张、兴奋、压力或夏天高温造成手掌排汗异常增加所致。在台湾，调查 10～30 岁的青少年，约有 0.3% 的发生率，即大约三百名青年中，就有一人患有相当明显的手掌多汗，男女都有可能，而其家族史则高达 13%（有家族遗传性）。大部分自孩童就罹患手汗，到青春期更严重。手汗症病人除了手汗之外，都健康正常，大多数还并有足底多汗或腋下多汗，少数病人尚并有狐臭症。

脚汗症：在冬季，“汗脚”失去热量的速度比“旱脚”快 25 倍，容易遭受冻伤。当这种情况发生时，人体会自动关闭浅层皮肤的循环系统，造成对足部的供血不足。供血不足则意味着足部周围的皮肤组织发生坏死，从而造成足部开裂。为此，人们应对足部做以下保护：

1. 脚出汗了，应把脚擦干，换上干袜子和干鞋具；

2. 有“汗脚”的人，每天至少换一次袜子，同时不要穿着袜子睡觉；

3. “汗脚”应穿丙烯酸类的化纤袜子，而不穿纯棉的，这样可以吸走汗水；

4. 所穿的鞋袜不要太紧，以免妨碍足部的血液流通；

5. 如果有条件，还可以在足部抹上一些防汗油。

手足多汗症治疗可以参考以下方法：

1. 中药治疗：取明矾 30 克、干姜 5～7 片。将以上二味药用适量水煎熬半小时后，取汁去渣倒入盆中，趁温把手足浸于药液中（药液要浸没手足背至腕、踝关节）。在浸泡过程中，可在药液中不断加入温开水，以保持药液的温度。每晚睡前浸泡 1 次，每次浸泡 20 分钟左右。连续用 4～8 次。

2. 针刺治疗：取双手“合谷穴”，用 1.5 寸长的毫针，快速进针 5～7 分深度，留针 15～30 分钟，留针期间轻轻捻转提插毫针 3～4 次，以加强针感。每日 1 次，连用 5～8 次。同法，足汗多者，取双足“三阴交穴”针刺，进针深度约 1 寸许。

以上两种治疗方法任选一种即可，但若两法配合进行，白天针刺，晚睡前中药浸泡，其治愈时间可大大缩短。在治疗期间，不宜饮酒，不吃辣椒、大葱、大蒜、生姜等辛辣食物。

3. 镇静药可用苯巴比妥钠、氯丙嗪、非那根、利眠宁、安定等；阿托品、溴本辛、普鲁本辛等药物可抑制汗腺分泌，但切记这类药有引起口干、眩晕、心跳加快等副作用；外用收敛剂可用0.5%的醋酸铝溶液或5%明矾溶液浸泡手脚，每日1次，每次15～20分钟，然后任其干燥。多汗严重时可考虑采用浅度X线照射，抑制汗腺的分泌。

皮肤过敏怎么办？

每逢气候转换、温差悬殊大或温热潮湿的季节，许多人常会发生皮肤过敏的现象。由于种种环境因素，空气中散布的细菌孢子和花粉等致敏物质便会大量释放出几乎遍布人体所有组织的化合物——组织胺，引起鼻塞、打喷嚏、流涕、喉咙发痒、眼皮肿胀等现象。致使某些人出现全身皮肤奇痒、起疹块和鳞屑、脱皮，面部红白不一、斑驳陆离等过敏症。

过敏症是一种文明病。医学上把过敏（变应性）分为4种不同的种类，并以罗马数字I至IV来命名。其中最常见的是I型和IV型。I型有时也被称为“特应性”或者“速发型变应性”。例如，人体在被昆虫蜇伤后几秒钟就会作出反应，动物毛发过敏和花粉过敏在几分钟内就有反应，食物过敏的时间则在30分钟以内。与此相反，IV型过敏的反应则要慢得多，症状要在一天或者几天之后才会出现。例如装饰物过敏和许多类型的职业过敏等。因此，人们把其称为“迟发型变应性”。

对于皮肤过敏，临床多采用抗组织胺类药物治疗。其虽能抑制组织胺释放量，但作用也很有限，对许多过敏症状不起效用，而且还有副作用。有些抗组织胺剂会令人昏昏欲睡和头脑迟钝。过敏症研究专家认为，最有效措施是寻找出过敏诱发因子，避免再接触这种物质。但要在两万种不同的诱发因子中准确地找到致病的因子，不是件容易的事情。为检测一种物质的致敏反应，医生需要做各种不同的皮肤测试，费时费事。

更因为许多致敏物质是不可以完全避免的，比如药物和昆虫等防不胜防。所以，过敏性皮肤的人想拥有完美的皮肤，主要应从日常精心呵护肌肤做起，设法降低皮肤的致敏性，随着日月的推移，人近中年后发病率会逐渐降低。当然，必要时可采用脱敏治疗法。具体讲：

一、做好皮肤日常护理

皮肤过敏症患者多知道化妆品不能乱用，许多化妆品是致敏原之一。因此，有些过敏症患者就停用了化妆品。这种做法是消极的，恰当地使用化妆品和必要的皮肤护理，可以增强皮肤对致敏原的抵抗力。过敏症患者可借助美容院的正规皮肤测试，判断了解自己的皮肤状况，找出皮肤问题的原因，对症选择合适的化妆品。也可选用抗过敏精华素，做消除敏感的面膜，以降低皮肤对外界的直接反应，强健敏感的细胞膜，以调节和减轻皮肤的敏感，增强皮肤的抵抗力。在气温偏暖季节，过敏症患者常以为外界气温较暖，皮脂腺分泌功能旺盛，而放弃对皮肤的保养，以防皮肤过敏。或是过多地使用洗面奶及去脂力强的洁肤用品，这容易破坏皮脂膜而降低皮肤抵抗力，引发皮肤过敏。许多人皮肤过敏后，又停止了护理保养，致使皮肤水分不足，容易起皱，导致恶性循环。因此，无论寒暑春秋，过敏症患者都要十分小心护理皮肤，除了保持每天三次温水洗脸外，还要用些特效疗肤水、疗肤霜，爽肤、润肤，持之以恒。另外，应保持充足的睡眠和必不可少的运动锻炼，并保持心情舒畅。

二、采用饮食调理法

过敏症患者要注意饮食营养的均衡，少食用油腻、甜食及刺激性食物、烟、酒等。某些食物也是致敏原，要注意加以辨别。多吃维生素丰富的食物可以增强机体免疫能力。过敏症患者可以多吃一些具有抗过敏功能的食物，加强皮肤的防御能力。根据营养学家的研究，洋葱和大蒜等含有抗炎化合物，可防过敏症的发病。另有多种蔬菜和水果亦可抵抗过敏症，其中椰菜和柑橘功效特别显著。因为其中含有丰富的维生素 C，而维生素 C 正是天然抗组织胺剂，若每天从饮食中摄取 1000 毫克，就足以防止过敏症的出现。过敏性体质的人血液中游离氨基酸比健康人少，若能增加血液中的游离氨基酸，过敏症的发病率将大大降低。豆浆中这种物质含量最丰富，过敏性体质者最好每天喝些豆浆。

三、采用脱敏治疗法

对某些症状严重的患者，可求助于医学手段，改变过敏性体质。医生在这种疗法中要用化学方法改变患者血清，使其稀释。向皮下注射改变了的致敏原和乳类、花粉等物质制成的抗原浸液，并逐渐增加致敏原的浓度，以调整人体免疫系统，使过敏者体内产生对过敏物质的抵抗力，从而有效地防止过敏。这种疗法对 I 型过敏患者较为适合。

得了过敏性鼻炎怎么办？

过敏性鼻炎又称变应性鼻炎，它是耳鼻喉科中的常见病、多发病。根据发病时间是否持续和固定，又把过敏性鼻炎分为常年性和季节性两类。常年性过敏性鼻炎的致敏物多为屋内尘土、螨、霉菌、动物脱屑、禽毛等；季节性过敏性鼻炎的致敏物主要为花粉、蒿类植物，故又可称为花粉病。

无论是何类过敏性鼻炎，一般主要表现为鼻痒和持续打喷嚏及流清水鼻涕，甚至出现鼻塞和嗅觉障碍。过敏性鼻炎产生的病因及机制十分复杂，目前要根除它还是一个比较困难的问题。中西医对这个问题有不同的认识。

西医认为过敏性鼻炎属于 I 型变态反应，过敏体质的人在吸入过敏原后，引发一系列的生化反应，使鼻黏膜处于致敏状态，当致敏原再次吸入鼻腔时，激发引起鼻黏膜明显的组织反应，发生水肿、清涕、喷嚏等过敏表现，并随着时间推移，鼻黏膜对致敏原越来越敏感，换句话说，过敏表现逐年加重。

中医认为“体质决定疾病”，无论何种致病原，人体正气盛，就可以抗病而不发病。之所以发生过敏性鼻炎，是因为上述原因导致了人体的肺气、脾气乃至肾气虚（气是人体正常功能的体现），所以抵御致病原的能力降低，就发生了疾病。

西医治疗主要是药物治疗，一般用激素、抗组胺药物、肥大细胞稳定剂等。免疫疗法，是将致敏原制成的针剂逐渐加量，反复多次地注射给患者，以提高病人对致敏原的耐受能力。

中医治疗重在改善人体状态，扶助人体正气，通过补益肺、脾、肾气，使人体对致敏原不敏感，也就是“以人为本”。通过调理体质，以改善鼻黏膜被致敏的状态，从而消除过敏表现。一般内服中药配合穴位贴敷，大都可收效。

对过敏性鼻炎病人，首先进行确诊，然后经过中医辨证施治，自拟有脱敏方、疏风方、通窍方等，然后应用不同的药物配伍进行治疗。这样中西医结合，发挥各自优势，标本兼治、急慢相引，对改善过敏性鼻炎的症状、控制过敏性鼻炎的发作、减轻过敏性鼻炎发作时的程度、减少过敏性鼻炎发病次数，提高人体的过敏阈值将是十分有效的。

过敏性鼻炎除了运用中西医药物进行有效治疗外，在平时的生活中注意保养和预防是极为重要的。

1. 中医认为外感风寒是过敏性鼻炎的诱发因素，所以平时要注意气候变化和室温湿度的调节，尤其对头部温度的防护更为重要。

2. 要注意情志的调节，应保持心情舒畅，精神愉快，防止情志抑郁“五志化火”而诱发过敏性鼻炎。

3. 尽可能避开已知的过敏源，以免激发过敏性鼻炎。平时应尽量减少到花草较多的公园，空气浑浊的商厦等地方去，以避开可能产生的过敏源。

4. 坚持全身和局部的体育锻炼，增加全身抗病能力。

5. 每天可用热水蒸汽熏鼻或用热毛巾湿敷鼻部，或药熏头面部以促进局部血液循环使经脉畅通，增强鼻部的抗病能力。

相信只要科学用药，注意预防，就能把患过敏性鼻炎带来的不便减轻到最低程度。

得了过敏性药疹怎么办？

凡对患者有益而用于预防、诊断、治疗的药物，无论通过任何途径进入机体后，所引起的皮肤和（或）黏膜损害的不良反应，称之为药疹(药物过敏)。药物过敏是人类最早观察到的过敏现象之一。在免疫反应中主要属于体液免疫的范畴。

大多数药物都具有引起药疹的可能性，其中包括中草药物，但以抗原性较强者引起的最多。常见者为抗生素类，磺胺类，氨基比林、安乃近、保太松、水杨酸乳等解热止痛类，催眠、抗癫痫类，抗毒素等血清类药物。根据药物结构分析，凡带有苯环及嘧啶环的药物，具有较强的致敏力。此外，对患有先天过敏性疾病的机体及重要器官患有疾病的患者，发生药疹的危险性比较大。

临床表现：突然发疹，常同时伴有轻或中度发热，中或重度瘙痒。

1. 药物过敏会引起毛细血管通透性增高，导致组织水肿，渗出和分泌物增多，临床出现各种皮疹、瘙痒、皮下水肿，皮肤黏膜感觉异常，发麻发木，呼吸道和消化分泌物增多，呼吸道梗阻，声音嘶哑，甚至发生过敏性休克危及生命。

2. 平滑肌痉挛：发生在支气管可引起哮喘；发生在胃肠道可引起腹痛，腹泻，肠鸣音增加；发生在子宫可引起小腹痛，子宫出血和流产等。

3. 嗜酸性细胞浸润：可出现流涕、痰多、腹泻和眼分泌物增多等。

4. 炎性反应：可出现淋巴结肿大、肝脾肿大、组织溃疡坏死或慢性肉芽肿形式等。

5. 血细胞损害：可造成红细胞、白细胞和血小板的破坏，出现溶血、黄疸、贫血和出血等症状。

6. 麻疹样红斑型药疹皮肤损害与麻疹酷似，为散在或密集的红色帽针头样后疹，以躯干为多，可泛发全身。

7. 猩红热样型药疹的损害与猩红热相似。初起为细小红斑，从面、颈、上肢、躯干顺序向下发展，于2～3天可遍布全身并相互融合。面部四肢可出现肿胀，以皱褶处及四肢屈侧为明显。

治疗方法：药物过敏的治疗关键在于找出致敏药物，并坚决避免使用。对于轻度的药物过敏只要及时停药症状就可缓解。也可服用葡乐安(OPC)：

1. 高效清除自由基的能力，不但可以保护细胞膜不受自由基侵害，抑制致敏因子——组胺的释放，深入细胞从根本上阻断过敏反应的发生，而且还能提高细胞对过敏源的耐受性。稳定皮肤血管组织，缓解各种过敏症状。

2. 提高细胞对过敏原的耐受性，快速减轻皮肤瘙痒及脱屑症状，可全面改善过敏性体质。

3. 抑制体内组胺酶的释放，防止组胺的生成，从而达到深入体内细胞控制致炎因子，给机体形成保护膜。除消除慢性炎症以外，还可大大提高机体抵抗病毒、抗细菌能力，减少炎症的发生。

4. 提高毛细血管的抵抗力，促进血液循环，使发炎部位的组织血管扩张、血液循环加速，组织代谢增快，白细胞吞噬能力增强，在消炎、消红肿、促进炎症消散及加速创面修复有很好的功效。葡乐安有效成份还可以抑制体内组胺酶的释放，防止组胺的生成，从而达到深入体内细胞控制致炎因子，给机体形成保护膜。除消除慢性炎症以外，还可大大提高机体抵抗病毒、抗细菌能力，减少炎症的发生。

注意事项：尽可能明确病因，立即停用致敏或可疑致敏性药物，并终身禁用。鼓励病人多饮水或输液以加速药物自体内的排出。对重型药疹的治疗原则应及时抢救，尽早入院治疗。留院观察时，须加强护理，加强支持疗法，严防或治疗继发感染，避免再次发生交叉过敏性反应。

患者若能对药物过敏保持高度警觉，多数药物过敏实际上是可以避免的，这是因为大多数病人过去已经有过对某种药物发生过敏的经历。如果在今后的用药时不再盲目使用同一药物或是有类似致敏性的药物，或在看病时及时主动地提醒医生自己的药物过敏史，这样就能杜绝药物过敏的发生。

得了神经性皮炎怎么办？

神经性皮炎俗称顽癣，是一种瘙痒性皮肤病。此病与情绪紧张、忧虑不安等精神因素有密切关系，而病情的发展或复发又与搔抓、热水烫、肥皂洗、不适当地使用外用药等因素有关。

神经性皮炎好发于颈后和颈的两侧，其他部位如四肢伸侧、大腿内侧、肘窝、胳窝、骶部、会阴部及上眼皮也常可发生，可以发于一处，也可发于多处；有时一处好了，又在另一处发病，少数人还可泛发全身。本病初起时只在局部感到间歇性剧烈瘙痒，没有明显的皮肤损害，经过不断地反复搔抓后，发痒的皮肤上逐渐发生芝麻大小、高起于皮肤的丘疹，呈扁平的圆形或多角形，颜色为淡红色或正常肤色。以后，这些疹子融合成片，形成边缘清楚、皮纹明显、皮肤粗厚干硬的皮革样病灶，医学上称为苔藓化。剧痒是最突出的自觉症状，往往奇痒难忍，非抓破不休，尤以晚上为甚，影响睡眠，抓破后还会引起感染。

得了神经性皮炎以后，一般采取以下治疗措施：

一、内治法

1. 中医治疗：

（1）风湿热型：皮损成片，呈淡褐色，粗糙肥厚，阵发性剧痒，夜间尤甚，舌苔薄白或白腻，脉濡缓。治宜清热祛湿、疏风上痒，常选用消风散或疏风清热饮加减。

（2）血虚风燥型：皮损色淡或灰白，肥厚粗糙，常伴有心悸怔忡，气短乏力，妇女月经量过多，舌质淡，脉沉细。治宜养血润燥，祛风止痒，常选用四物消风饮或止痒合剂加减。

（3）脾虚湿盛型：皮损呈暗灰色，肥厚光滑，伴腹胀纳差、便溏，舌体胖大，边有齿痕，苔白厚，脉濡缓。治宜健脾除湿，常选用除湿胃苓汤加减。

（4）肝郁化火型：皮疹色红，心烦易始或精神抑郁，失眠多梦，眩晕，心悸、口苦咽下，舌边尖红，苔薄白，脉弦滑，治宜疏肝解郁，清热养血，方用泻肝安神丸或用丹栀逍遥散加减，或用斩痒汤，水煎服。

2. 西医治疗：

（1）抗组织胺药和镇静脉药：可酌情选用扑尔敏、安其敏、息期敏，苯海拉明、异丙嗪、安定等，以安定止痒。

（2）静脉用药：0.25%普鲁卡因注射液10~20ml加维生素C 500mg静脉注射；或用普鲁卡因4~6mg/kg体重，用生理盐水配成0.1%溶液加维生素C 500~1000mg静滴。亦可用10%葡萄糖酸钙10ml静注。

二、外治法

1. 雄黄散外搽。

2. 神经性皮肤炎药水涂患处。

3. 金玉膏外用。

4. 梅花针局部敲打：每日1次，10次为一疗程。

5. 亦可酌情选用下列药物外用：肤轻松软膏，复方氟美松亚枫剂、肤疾宁、105 黑豆馏油软膏、止痒酒精等。

6. 局部封闭：复方奎宁注射液 2ml 加 1% 普鲁卡因 4 ~ 6ml，局部皮下注射（注射勿过浅，以免引起皮肤坏死），每周 1 次，10 次为一疗程。亦可用 0.1% 亚甲蓝 2ml 加 2% 普鲁卡因 5 ~ 10ml 患部皮下注射，每周 1 次。

7. 放射性同位素治疗：可用 32 磷或 30 锶敷贴。

8. 浅层 X 线放射治疗：可用 29 ~ 43KV，每次 60 ~ 100R，每周 1 次，3 ~ 4 次为一疗程，1 年勿超过 2 个疗程。

三、神经性皮炎患者注意事项

1. 避免感情冲动。忌用手搔抓或热水烫洗。

2. 不宜穿过硬的内衣，以免刺激皮肤。

3. 不抽烟，忌食酒、辣椒等刺激性食物。多吃清淡食物和水果。

外伤处理

怎样正确处理伤口？

正确处理伤口，可使伤口迅速愈合，避免局部感染、化脓和并发全身性疾病。因此，掌握一些处理伤口的知识是十分必要的。

这里说的“伤口”，是专指外伤所造成的伤口。外伤所致的伤口可以是两种形式：表面皮肤、黏膜没有破裂（闭合性伤）；表面皮肤、黏膜有破裂（开放性伤）。如果仅是表面皮肤、黏膜破损，由于没有什么明显的症状，伤者常不以为意。但事实上，皮肤、黏膜的破损已使机体正常的防线出现了缺口。

众所周知，许多足以威胁人类健康和性命的致病微生物和毒物，在人体的皮肤、黏膜完整时，是不能通过皮肤、黏膜侵入人体为害的。例如，麻风病病菌、艾滋病病毒、破伤风病毒……都不可能超越正常的皮肤、黏膜屏障；就连几分钟内可致人死地的蛇毒，对完好的皮肤、黏膜也发挥不了毒性作用。

然而，一个小小的伤口，就足以使上述那些危害人体健康、威胁生命安全的微生物进入体内。大家都熟知的白求恩大夫，在抢救伤员时划破了手指，但他为了抢时间救治伤员，没有及时处理自己受伤的指头，结果细菌就从那小小的伤口侵入他的体内，最终导致白求恩大夫不幸逝世。

一、表浅擦裂伤，亦须防感染

对于皮肤表浅的切割伤和机械性摩擦伤来说，最简便、有效的消毒药就是碘酊（亦叫碘酒）。2%碘酊是一种十分有效的外用消毒药，它不会腐蚀伤口，用它涂抹伤口时所引起的疼痛是非常短暂的；它对防治伤口化脓感染、真菌感染和病毒感染，都有显著的作用。

通常可先用凉开水或生理盐水等清洁的水，冲洗伤口局部，再涂以2%的碘酊，或直接用2%碘酊涂抹伤口。然后用消毒敷料包扎伤口或暴露伤口，48小时内避免沾水。如果没有碘酊，也可以涂抹红汞或酒精。但红汞与碘酊不能同时使用，以免中毒。“风油精”、“酱油”等并无消毒效果，而“云南白药”、“三七”等中成药也不能消毒。

二、伤口小又深，要敞开暴露

由尖而长的东西刺入人体组织所造成的“刺伤”，其伤口多数小而深。由于这种伤口深而外口较小，伤口内有坏死组织或血块充塞，是最容易感染破伤风厌氧性芽胞杆菌的，也最有利于形成这些杆菌生长繁殖、产生毒素的“缺氧的环境”。

故对待诸如锈钉刺伤的伤口，除对伤口周围的皮肤用碘酊进行消毒外，应用3%过氧化氢（双氧水）或1‰高锰酸钾溶液，对伤口进行反复冲洗或湿敷，并彻底清除伤口内的异物。

此外，这类伤口不能缝合、包扎，应把创口敞开，充分暴露，从而去除坏伤风厌氧性芽胞杆菌生长繁殖的环境。要知道，正确处理伤口，是预防破伤风发生的关键步骤。

在伤后24小时内，皮下或肌肉注射破伤风抗毒素（TAT）1500单位，是预防破伤风感染的重要补救措施。

有时候，伤口虽然不深但污染严重，或有皮片覆盖的，也必须做好伤口的清创，不缝合、不包扎伤口。

对于伤口污染严重或在受伤 24 小时以后，才注射破伤风抗毒素的，则破伤风抗毒素需要用加倍的剂量。预防破伤风的最可靠方法，是在平时注射破伤风类毒素，使人体产生抗体。一般注射 3 次，有效期可保持 10 年。

三、动物抓咬伤，预防毒播散

狂犬病一旦发病，则百分百死亡。所以，被猫、狗抓咬伤后，应立即用大量的肥皂水或淡盐水或清水，反复冲洗伤口；冲洗时间一般要达半小时以上，以尽量减少病毒的侵入。冲洗后可用2%的碘酒以及75%酒精涂抹伤口，但不要包扎，并及早带伤者去注射狂犬病疫苗；此外，必须按规定注射五次。当狂犬病从潜伏期转入前驱期时，再注射狂犬病疫苗就没有效果了。

如被毒蛇咬伤，伤口可能只有几个“牙痕”，但蛇毒已经被注入伤口内。此时必须迅速用止血带或手帕、绳索、布条等，在伤口近心端（指离心脏最近的一侧）5～10 厘米处进行绑扎，防止毒素扩散和吸收（但必须每隔 30 分钟，放松绑扎 2～3 分钟，以防肢体坏死）。

绑扎后，一是用清水、肥皂水等，冲洗伤口及周围皮肤（有条件时可用双氧水、1‰高锰酸钾溶液冲洗）；二是用小刀按毒牙痕方向，纵切或十字切开皮肤（不要太深，切至皮下即可），以便于排出毒液，如有毒牙残留要挑去毒牙；三是在伤口处用吸奶器、拔火罐吸出毒液（如口唇的黏膜无破损，也可用口吸吮伤口，边吸边吐，再用清水漱口）。必要时还可用火柴直接烧灼伤口，破坏蛇毒。经过紧急处理伤口后迅速到医院，进行抗蛇毒血清等治疗。

四、伤口内异物，应分别对待

异物残留伤口内易致化脓感染。对于伤口内的异物，一般是先将伤口消毒干净，用消毒过的针及镊子，将异物取出，再消毒、包扎伤口。

但自己在家中处理伤口时，对伤口内的异物则要谨慎分别对待。

崴脚了怎么办？

崴脚，是人们在生活中经常遇到的事情，医学上称做“足踝扭伤”。这种外伤是外力使足踝部超过其最大活动范围，令关节周围的肌肉、韧带甚至关节囊被拉扯撕裂，出现疼痛、肿胀和跛行的一种损伤。

由于正常踝关节内翻的角度比外翻的角度要大得多，所以崴脚的时候，一般都是脚向内扭翻，受伤的部位在外踝部。不少人是先使劲揉搓疼痛的地方，接着用热水洗脚，活血消肿，最后强忍着疼痛走路、活动，为的是防止“存住筋”。但实践证明，这样处置崴伤的脚是不妥当的。

因为局部的小血管破裂出血与渗出的组织液在一起会形成血肿，一般要经过24小时左右才能修复，停止出血和渗液。如果受伤后立即使劲揉搓，热敷洗烫，强迫活动，势必会在揉散一部分瘀血的同时加速出血和渗液，甚至加重血管的破裂，以致形成更大的血肿，使受伤部位肿上加肿，痛上加痛。人们常说的“存住筋”，实际是损伤以后软组织发生粘连，影响了功能活动。这种情况一般出现在损伤的中后期。所以，受伤后几天内的活动受限，一般都是因为疼痛使活动受限，而不是粘连所致的“存住筋”。

那么，崴脚以后怎样处置才正确呢？

一、分辨伤势轻重

轻度崴脚只是软组织的损伤，稍重的就可能是外踝或者第五跖骨基底骨折，再重的还可能是内、外踝的双踝骨折，甚至造成三踝骨折。轻的可以自己处置，重的就必须到医院请医生诊断和治疗。所以，分辨伤势的轻重非常重要。

一般来说，如果自己活动足踝时不是剧烈疼痛，还可以勉强持重站立，勉强走路，疼的地方不是在骨头上而是筋肉上的话，大多是扭伤，可以自己处置。如果自己活动足踝时有剧痛，不能持重站立和挪步，疼的地方在骨头上，或扭伤时感觉脚里面发出声音，伤后迅速出现肿胀，尤其是压痛点在外踝或外脚面中间高突的骨头上，那是伤重的表现，应马上到医院去诊治。假如限于条件一时去不了医院，也可以暂时按照下列办法处置，然后尽快到医院诊断治疗。

二、正确使用热敷和冷敷

热敷和冷敷都是物理疗法，作用却截然不同。血得热而活，得寒则凝。所以，在破裂的血管仍然出血的时候要冷敷，以控制伤势发展。待出血停止以后方可热敷，以消散伤处周围的瘀血。

细心的同学一定要问，怎么才能知道出血停止了没有呢？原则上是以伤后24小时为界限，还可以参考下面几点：一是疼痛和肿胀趋于稳定，不再继续加重；二是抬高和放低患脚时胀的感觉差别不大；三是伤处皮肤的温度由略微高于正常部分，变成相当差不多，这些都可作为出血停止的依据。

三、适当活动

在伤后肿胀和疼痛进行性发展的时候，不要支撑体重站立或走动，最好抬高患肢限制任何活动。待病情趋于稳定时，可抬高患肢进行足踝部的主动活动，但是禁做可以引起剧痛方向的活动。等到肿胀和疼痛逐渐减轻时，再下地走动，时间宜先短一些，待适应以后慢慢增加。

四、正确按揉

在出血停止前，以在血肿处做持续的按揉为宜，方法是用手掌大鱼际（的手掌正面拇指根部，下至掌跟，伸开手掌时明显突起的部位）按在局部，压力以虽疼尚能忍受为宜。时间是持续按压2～3分钟再缓缓松开，稍停片刻再重复操作。每重复5次为一阶段，每天做3～4个阶段较合适。出血停止之后做揉法，用大鱼际或拇指指腹对局部施加一定压力并揉动，方向是以肿胀明显处为中心，离心性地向周围各个方向按揉，每次做2～3分钟，每天做3～5次。

五、合理用药

出血停止以前，不宜内服或外敷活血药物，可用“好得快”喷洒伤处，内服云南白药。出血停止以后，则宜外敷五虎丹，内服跌打丸、活血止痛散等。后期可用中草药熏洗。如果手边没有中成药，也可以把面粉炒黄，用米醋调和敷在患处，来代替五虎丹，效果也比较理想。用一小撮花椒，一小把盐煮水熏洗，代替中草药效果也不错。

不小心跌伤了怎么办？

跌伤在日常生活中是经常遇到的。跌伤有轻有重，一般跌在什么部位和伤势深度是由跌伤时的姿势、高度以及地面条件等因素决定的。

跌伤的轻重度有这样几种：第一种是仅伤在表皮；第二种是伤到肌腱、骨头；第三种是伤到内脏。所以，跌伤后要根据跌伤的部位和深度来采取不同的处理方法。

一、表皮擦伤

症状：仅有少量渗出或轻微出血、疼痛。

处理方法：局部涂红汞药水。如果伤面较大，伤口上粘着泥土杂物，可先用温开水500毫升加食盐3～5克冲洗，洗净后涂红汞药水。

二、皮肤撕裂伤

症状：皮肤全层均撕裂，裂口有鲜血流出，疼痛剧烈。

处理方法：先用干净手帕或毛巾压住伤口，使其止血，然后立即去医院外科进行清洁伤口、缝合皮肤和包扎。

三、肌肉肌腱损伤

症状：关节周围部位损伤，局部肿胀，不能负重，活动受限，有压痛感。

处理方法：用毛巾放在冷水中浸湿后敷在伤处，或用冷水袋敷在伤处，使局部血管收缩减少出血，持续进行 1～2 小时。如果局部仍有红肿疼痛，可改为热敷，目的是使局部血管扩张，加强局部血液循环，促进康复。

四、骨折

症状：局部可见肿胀有压痛，活动受限，不能负重，受伤的肢体外形变形、疼痛。

处理方法：如有出血，应立即进行绑扎止血。用宽的书包背带、毛巾等在伤处的上方绑扎，每隔 5 分钟放松片刻以便血液循环一下。同时找一块木板或木条，其长度超过伤处上下各一关节，将木板或木条放在骨折肢体的下面包扎固定，再去医院复位，千万不要未经固定就移动，这样容易造成错位。

五、重度跌伤

症状：可能导致内脏损伤，如果一旦发现有人跌伤后，不哭不叫，呼之不应，唤之不醒，面色苍白，手脚发凉，脉搏增快或抽搐不止现象，均说明病情十分严重。

处理方法：应急送医院抢救，不能耽误。

肩部关节脱臼怎么办？

关节脱臼是运动伤害中一种常见的急症。人体的关节分为不可动，部分可动及可动关节。脱臼系指骨骼由关节中脱出，产生移位的现象。常发生在肩、肘、髋和下巴、手指、腕等部位，尤其是进行剧烈的运动更容易出现这种状况。

脱臼通常会造成韧带的拉扯或撕伤，严重者会出现合并骨折的发生。临床的表征包括：关节突出及功能丧失，关节变形疼痛，中度到重度的肿胀。若脱臼的骨骼压迫神经，会造成脱臼关节以下的肢体麻木；若压迫到血管，脱臼以下关节肢体会摸不到脉动且发紫。

对于任何骨折及脱臼的病患，一定要测量脉搏强度及检查感觉功能，若摸不到脉动，则表示肢体已无足够的血流供应，必须立即送医就诊。同时在急救过程中，不论是固定前与固定后，都要测量脉搏及运动感觉功能。

测量的方法如下：

第一，检查脉搏：在伤侧距离心脏的远处摸脉搏，例如手肘脱臼检查桡动脉，肩部脱臼检查肱动脉，足踝脱臼检查足背动脉等，并在病患伤肢的指甲上，施压后放松，测其恢复正常颜色的时间，正常值应小于两秒。若摸不到脉搏或指甲颜色恢复很慢，表示受伤严重或固定包扎的力度太紧，必须加以放松。

第二，检查远端运动及感觉功能：要求患者自行摆动上、下肢体，触摸病患手指或脚趾，视其是否能辨识清楚。若患者意识不清，则轻轻掐患者观察其疼痛反应情形。

肩部关节就如同一个球在手套中的感觉一样，比较不稳固。若受到打击、跌跤、抽筋，用力丢球等，都极有可能会造成肩部脱臼。96% 的病患，其肱骨头会被迫向前，肩关节脱臼还会合并上肢骨折，兼韧带裂伤或血管及神经受伤。病患除无法动弹外，有时会因剧烈疼痛而昏倒，若仅有肩部痛而没有任何外伤的情况下，就必须先就病患发生的原因来评估，如疼痛的位置、感觉、伤侧与健侧运动功能之比较，衰弱的情形与无力感等。

我们可以采用以下急救的方法：

首先为避免病患再度跌倒受伤，应帮助其坐下或躺下，检查是否有其他伤处，并检查远端脉搏，让病患安静，保持温暖并防止休克，通常以坐姿最舒服。

固定脱臼部位是减轻疼痛最佳的方法，自救的方法可用杂志，厚报纸或纸板托住手肘，另外使用三角巾，将手肘固定在胸部，就可以避免肩关节的活动，减少疼痛。禁止进食，因为可能需要全身麻痹治疗。可以聊天方式分散病患注意力，以减少其痛觉，另使用冰敷减少病患疼痛及肿胀，若要移动病患，尽量让他自己动，若其无法自动，则以托手肘及腕部来帮助，同时可用一个小枕头或软垫，置放在病患伤侧上肢内侧及胸部之间。

在病患可以忍痛下，立即给予复位是非常好的。就肩部脱臼而言，可考虑双手紧握病患伤肢手肘，呈九十度，施救者另一只脚踩着患部腋下，用力向前，向下拉，有时就可以使它恢复原状。

为了尽量避免关节脱臼的发生，同学们在剧烈活动前一定要认真做准备活动，比如说做一些环绕、伸展的运动，让各个关节部位得到充分的活动。我们在平时游戏时，就要注意把握分寸，不做危险的动作，不到危险的地方，要尽量避免关节被撞、被击。

运动中发生骨折怎么办？

骨折是运动创伤中较为严重的伤害事故，它是指由暴力引起的骨的完整性或连续性被破坏所致，通常多发部位为四肢长骨。骨折按其伤口有无和外界相通，可分为闭合性骨折和开放性骨折；按照骨折部位有无完全断裂，又可分为完全骨折和不完全骨折。一般在运动创伤的骨折中，较多的是闭合性完全骨折。

骨折的发生，有因直接暴力作用而引起的，如在参加足球比赛时，小腿被人猛踢一脚，而发生胫骨骨折，也可由于间接暴力所致，如自高处摔下，手撑地而引起肱骨骨折。无论是何种原因引起的骨折，发生时往往都会有骨断裂和骨擦音，肢体形态也会发生改变，骨折部位疼痛，严重骨折（如股骨骨折），疼痛剧烈、持久，甚至引起休克。骨折时，由于周围血管及软组织的损伤，会出现肢体肿胀。还可能发生内脏破裂、神经或大血管损伤及休克等并发症。因此，骨折发生后必须及时进行急救处理，以抢救生命、保护肢体，使之能安全而迅速地护送到医院做复位治疗。

那么，如果有同学在运动中发生了骨折应该怎么办呢？

一、止痛抗休克

骨折发生后，如疼痛剧烈持久，易造成休克。此时伤者神志不清，呈昏迷状态，应马上进行急救处理。其方法是扶伤者躺下，头部略放低，下肢抬高，以增加头部供血量，同时要注意保暖，可让其服去痛片止痛；如果伤者昏迷不醒，可以通过掐人中、合谷穴使其苏醒。

二、伤口处理

开放性骨折的伤口要覆盖、包扎。由于人体的骨髓中充满了血液，骨质中还含有丰富的血管。骨质出血时，其血管裂口不像软组织那样可以收缩变小，因而，出血量会比较多。当患者发生闭合性骨折时，虽然在外观上看不出有血液流出，但实际上血液已淤积在断骨的周围。

据估计，人体骨盆骨折的出血量可超过其总血量的80%。开放性骨折或伴有软组织损伤患者的出血量会更多。突然的大量出血会严重威胁患者的健康和生命。因此，对骨折的患者进行急救时首先要止血。若发生大出血时，要先止血；在包扎搬动伤肢时要适当牵引，动作要轻，不得使骨折肢体发生位移。

三、固定伤肢，注意搬运

骨折后，要就地固定。固定前，不要无故移动伤肢。人体脊柱有椎管和马尾神经。当脊柱发生骨折时，患者极易出现身体某些部位的瘫痪，如胸腰段骨折时常引起截瘫；颈椎骨折时除了瘫痪部位升高外，还会引起呼吸肌麻痹，甚或威胁生命。此外，由于骨骼的附近常有神经走行，患者发生骨折后，其神经就会受到挫伤或嵌压，进而影响局部组织或器官的功能，出现局部的感觉丧失，以及所支配肌肉的瘫痪。

所以，在搬运骨折尤其是脊柱和四肢骨折的患者时，更要特别小心。在搬运疑有脊柱骨折的患者时，应几个人一起配合将其放在硬担架或门板上，以保持患者身体平直。当患者的长管状骨骨折时，由于骨髓腔中含有大量的脂肪，不恰当的搬运会使大量的脂肪溢出并进入血管，使患者形成肺栓塞、脑栓塞，从而引起气急、胸痛、紫绀、发热、休克、昏迷等症状。

此外，不正确的搬动方法还可造成患者的骨折断端对神经及血管的损伤。因此，患者发生四肢骨折时，应尽量不要搬动，可就地取材用夹板或代用品做简单的固定后再迅速将患者送往医院，以避免患者出现骨折并发症。

四、有开放伤时要尽早手术

当患者发生开放性骨折时，由于伤口容易被污染，所以，患者常常会因为疼痛、失血，而使抵抗力降低。假如伤口得不到及时的清理，就容易形成化脓性感染并导致败血症或骨髓炎等病症。因此，患者一旦出现开放性骨折，应尽快进行手术治疗，并使用抗生素和破伤风抗毒素。

一般情况下，骨折的患者被送往医院，经复位、石膏或夹板固定等方法后多可逐渐康复。但患者在治疗的过程中，一旦发现骨折部位的皮肤由红变紫或起水疱、活动时疼痛剧烈或感到麻木时，一定要请医生检查，以免出现严重的后果。

皮肤晒伤怎么办？

晒伤是因皮肤过度暴露于 UVB（紫外线的分类）射线（280 ~ 320nm）所致。症状和体征出现于 1 ~ 24 小时内，除严重反应外，72 小时内达高峰。皮肤变化从轻度红斑伴短暂鳞屑形成至疼痛、水肿、皮肤触痛和大泡，累及下肢，尤其是胫前，特别令人烦恼，且常不易痊愈。如身体表面有大面积的晒伤，则有与热灼伤相似的全身症状（发热、寒战、虚弱、休克）。

皮肤晒伤是可以预防的：避免烈日曝晒，外出要撑伞，戴宽边帽，着长袖衣衫，最好穿深色衣服，因为紫外线比较容易穿透浅色衣服；面部及外露部位搽防晒霜；夏季户外活动时间不宜过长，初次暴露于夏季中午晴空日光下的时间不应超过 30 分钟，即使是皮肤浅黑的人也是如此，户外游泳时应特别注意防护。温带地区上午 10 点以前，下午 3 点以后引起晒伤的波长射线通常都被滤掉。大雾不能减少危险，高海拔危险性则增加。

晒伤之后如果又误用了保养品，很有可能会迅速发展成接触性皮肤炎。因此，当肌肤产生红肿、干燥及轻微脱皮等初期晒伤症状时不适合再使用一般的清洁用品。清洁肌肤时最好使用弱酸性符合肌肤 PH 值的清洁品，以免刺激肌肤。但若不知如何选择清洁品，最简单的方法就是使用婴儿香皂或不含皂碱的婴儿沐浴乳等来清洁肌肤。在晒伤症状未减的时候，日常保养中不可去角质，不论皮肤是否有脱皮症状，要让晒伤后的废皮自行脱落，不可以外力强行清除。

对皮肤的补水，最好使用矿泉喷雾，为肌肤轻柔地补充水分。但须注意一定要待肌肤冷却后，再行喷洒，因为当肌肤温度过高时，若是立刻使其降温反而会因热胀冷缩温差太剧烈，使肌肤出现过敏症状，而产生二次伤害。用完喷雾后要立即用面纸、化妆棉或干净的毛巾将水分吸干，不然会因蒸发过度反而会带走肌肤上更多的水分。因水分已经由肌肤大量散发出去，日常饮水也要酌量增加，只要感到口干舌燥时，就饮用大量清水（最好是白开水，平日常喝的碳酸饮料或健康醋等，最好先暂停）。不要再吃刺激性的食物，如咖啡、茶及辣椒等。

在皮肤得到大量水分的补充之后，可以紧接着以无刺激性的产品来镇静肌肤，含芦荟及金缕梅等天然成分的凝胶是最适合用来镇静晒后肌肤的。若临时手边没有这类保养品时，可以用冷水或脱脂牛奶等来湿敷晒伤的部位；家中若有维他命 E 的胶囊，也可以将胶囊剪开，直接取其中的维他命 E 敷在伤口上，或是以布包裹冰块来冰敷，也能达到不错的镇静效果。

晒伤的肌肤对透气性的需求更强，千万不可涂抹含油脂及凡士林类的滋养油或软膏类的产品，那会使肌肤无法呼吸，导致肌肤局部坏死。

皮肤晒伤后，可使用浓度为 1.9% 的盐水敷在伤处。调制这样的盐水方法很简单，只需将一汤勺食盐溶解在一升水中。专家称，用新鲜的酸奶敷在伤处也比较有效。红茶和橡树皮煮出的汤药效果也不错，不过皮肤可能会因为汤药的颜色暂时变黑。如果晒伤比较严重，吃一片阿司匹林能有效促进皮肤的修复。但如果是大面积晒伤，就应该立即去看医生了。

嘴唇干裂怎么办？

人体的嘴唇周围一圈发红的区域叫“唇红缘”，它的湿润全靠局部丰富的毛细血管和少量发育不全的皮脂腺来维持。由于秋季湿度小、风沙大，人体皮肤黏膜血液循环差，如果新鲜蔬菜吃得少，人体维生素 B_2、维生素 A 摄入量不足，就会干燥开裂。秋冬季干燥多风，很多人都会觉得嘴唇发干，出现皲裂，因而就会不自觉地舔唇，但结果常常适得其反，嘴唇的干燥症状反而加重，甚至导致唇部肿胀、结血痂。其实，以上这些症状都是慢性唇炎的典型临床表现。

慢性唇炎是唇部慢性、非特异性的炎症性病变，多由各种长期、持续的刺激导致，如干燥、寒冷，尤其是与舔唇及咬唇等不良习惯有关。当用舌头舔嘴唇时，由于外界空气干燥，唾液带来的水分不仅会很快蒸发，还会带走唇部本来就很少的水分，造成越干越舔、越舔越干的恶性循环，严重的甚至会使嘴角处的皮肤出现色素沉淀。

此外，秋天时，嘴唇还容易结痂，这也和舔唇这一坏习惯有关。由于唾液里含有多种消化酶，嘴唇上的唾液蒸发后，这些大分子的蛋白质会残留在嘴唇上，与唇部脱落的细胞一同形成痂皮。由于痂皮下方的组织不完整，如果强行撕去，就会造成更多的局部渗出，从而形成更多痂皮。

其实，嘴唇干裂是秋冬季节的常见症状，可以从调整饮食和日常习惯上来防治：

第一，多吃新鲜蔬菜，如黄豆芽、油菜、白菜、白萝卜等，以增加 B 族维生素的摄取；

第二，及时补充足量水分，充足的饮水量，对于人体机能的均衡有很大帮助，能有效防止嘴唇干裂；

第三，无论男女，都应使用护唇膏来呵护双唇（尽量选择添加刺激性成分少的无色唇膏），过敏体质的人，用棉签将香油或蜂蜜涂抹到嘴唇上，也能起到很好的保湿作用；

第四，尽量避免风吹日晒等外界刺激，可以采取戴口罩的办法来防护；

第五，纠正舔唇、咬唇等不良习惯。如果唇部的皲裂、结痂症状长期不愈，应及时到医院就诊，尽早查清病因，对症治疗。

手脚皲裂怎么办？

皲裂是由于皮肤干燥开裂。多由于寒冷、干燥季节，发生于手、足，又称手足皲裂。多见于掌面、十指尖、手侧、足侧、足跟等处，可见长短不一，深浅不等的裂隙。

初起手足皮肤微觉发紧、变硬，以后皮肤变粗糙、增厚，失去润泽，继之可出现深浅不等裂隙，有明显痛感甚至影响手足活动。皮损由皱裂至龟裂至皲裂，严重者皲裂可至深部肌层，为长短深浅不一的裂口，在皮肤较厚处更深疼痛难忍，并可伴有出血。手开裂，也叫皴手。较轻的皴手，只感到皮肤粗糙，在寒风中微微隐痛。如果此时再不注意保护你的双手，裂口会更深，隐痛会变成灼痛。那就会妨碍你的学习和生活了。

根据皲裂的深浅程度，一般可分为三度：一度，皮肤干燥有龟裂，但仅达表皮，故无出血、疼痛等症状；二度，皮肤干燥，裂隙由表皮深入真皮而有轻度刺痛，但不引起出血；三度，皮肤干燥，裂隙由表皮深入真皮和皮下组织，常引起出血和触痛或灼痛。

一、皲裂的预防

1. 手足皲裂是冬季较为常见的一种皮肤病，在干燥寒冷的季节宜多吃油脂。

2. 病程较长或年老患者应该增加营养，适当多吃一些猪肝、猪皮、羊肉、阿胶、鱼肝油丸之类食品。

3. 由于冬季气候寒冷干燥，出汗较少，皮肤易干裂起皱，因此应特别注意手和足部的防寒保暖，经常用温热水泡洗，外搽一些油脂性的护肤品，以免发生冻疮而加剧手足皲裂。

4. 平时生活中还应注意饮食多样化，多吃水果和蔬菜，多饮水，适量摄入富含蛋白质的食物，保持皮肤的水分和弹性，这样就可预防手足皲裂的发生。

二、皲裂的治疗

1. 方药：甘油 60%，红花油 15%，青黛 4%，香水 1%，75% 酒精 20%，将上述药物混合调均后即可使用，适用一般干裂。

2. 生地 10 克，熟地 10 克，天冬 10 克，麦冬 10 克，天花粉 10 克，当归 10 克，黄芪 12 克，升麻 6 克，黄芩 10 克，桃仁 10 克，红花 10 克，水煎服，每日 2 次 每次 150 毫升。中成药可选用八珍丸、人参养荣丸治疗。

3. 裂消膏对严重皲裂有特效。

三、生活保健

1. 生活中要注意洗手足时避免用太多碱性过强的肥皂、碱水及其它洗涤剂。

2. 冬季常用温水浸泡手足，浴后擦干，除用护肤品保持皮肤湿润，并要注意保暖。

3. 在容易引起职业性手足皲裂的环境中工作时，应加强劳动保护减少患病的可能性。

4. 天冷时要多吃豆制品和胡萝卜，这对防止手足皲裂也有很大作用。

冻伤了怎么办？

冻伤是一种由寒冷所致的末梢部局限性炎症性皮肤病，是一种冬季常见病，以暴露部位出现充血性水肿红斑，遇温高时皮肤瘙痒为特征，严重者可能会出现患处皮肤糜烂、溃疡等现象。冻伤可分为局部或全身(冻僵)，多因寒冷、潮湿，衣物及鞋带过紧所致，常发生于皮肤及手、足、指、趾、耳、鼻等处。该病病程较长，冬季还会反复发作，不易根治。对于一些女同学而言，不仅影响了双手的美观度，还给生活带来了极大的不便。在治疗方面，虽方法较多，但很少能根治，所以常令人感到棘手。

一、冻伤的治疗

冻伤分四度：第一度冻伤最轻，亦即常见的“冻疮”，受损在表皮层，受冻部位皮肤红肿充血，自觉热、痒、灼痛，症状在数日后消失，愈后除有表皮脱落外，不留瘢痕；二度冻伤伤及真皮浅层，伤后除红肿外，伴有水泡，泡内可为血性液，深部可出现水肿、剧痛，皮肤感觉迟钝；三度冻伤伤及皮肤全层，出现黑色或紫褐色皮肤，痛感丧失，伤后不易愈合，除遗有瘢痕外，可有长期感觉过敏或疼痛；四度冻伤伤及皮肤、皮下组织、肌肉甚至骨头，可出现坏死，感觉丧失，愈后可有瘢痕形成。

治疗时首先须脱离寒冷环境，除去潮湿衣物，置身于温水中逐渐复温，对全身严重冻伤必要时可进行人工呼吸，增强心脏功能。对冻疮除复温、按摩外，可用酒精、辣椒水涂擦，效果较好，或用5%樟脑酒精、各种冻疮膏涂抹，有一定疗效。二度冻疮如伴有水泡，可用消毒针穿刺抽出液体，再涂抹冻疮膏。三四度冻伤则须在保暖的条件下抢救治疗。

常用药品有外用：冻疮膏、消毒棉垫、纱布、绷带。内服：感冒冲剂、姜糖水、去痛片、安定。

二、防冻用水

很多人冬天早晚洗脸不敢用冷水，有人没有热水宁愿不洗。其实冬天用热水洗脸舒服倒是舒服，但对健康不利。因为脸上的皮肤毛孔遇热水舒张后，很快又遇冷空气紧缩，如果频繁受这样的刺激，皮肤很容易产生皱纹。而在晨起或午休之后，用冷水浸过的毛巾湿润脸部，可使人顿时产生一种头清眼明的感觉，精神也为之振奋。在洗冷水脸的过程中，冷水的刺激既可改善面部的血液循环，又可改善皮肤组织的营养结构，增强皮肤的弹性，消除或减轻面部皱纹。冷水洗脸的保健作用在于锻炼人的耐寒能力，预防感冒、鼻炎，对神经衰弱的神经性头痛患者也有益处。

睡前洗个热水脚，既干净卫生，又解除疲劳，还能起到防病治病的作用。脚在人体最下部，属于人体末端，在热水的浸泡下，血管扩张，局部的血液流动加快，从而增加了下肢营养的供应。所以冬季坚持用热水洗脚，对冻疮有一定的预防作用。患有失眠症和足部静脉曲张的人，每晚用热水洗脚，能减轻症状，易于入睡。当然，洗脚水也不能太烫，冬季以不超过45℃为宜。

三、防冻饮食

多吃主食，适当吃点羊肉、鹌鹑和海参。狗肉、牛肉、鸡肉、鹿肉、虾、鸽等食物中富含蛋白质及脂肪，产热量多。

补充富含钙和铁的食物可提高机体的御寒能力。含钙的食物主要包括牛奶、豆制品、海带、紫菜、贝壳、牡蛎、沙丁鱼、虾等；含铁的食物则主要为动物血、蛋黄、猪肝、黄豆、芝麻、黑木耳和红枣等。

含碘的食物可以促进甲状腺素分泌，产生热量。比如海带、紫菜、海蜇、菠菜、大白菜、玉米等。动物肝脏、胡萝卜可增加抗寒能力。芝麻、葵花子能提供人体耐寒的必要元素。应多吃韭菜、红枣、大葱、绿豆芽。

四、运动驱寒

冬季坚持锻炼，能提高大脑皮层的兴奋性，增强中枢神经的体温调节功能，使身体与寒冷的气候环境取得平衡，适应寒冷的刺激，有效地改善肌体抗寒能力。冬日锻炼前，一定要做好充分准备活动，运动量应由小到大，不要做过于剧烈的运动，避免大汗淋漓。

对于不爱运动、不能坚持锻炼的人，有一种不受场地限制、随时可做的活动也能使身体暖和。比如搓手，搓手的时间可长可短，只要两只手闲下来的时候就可以做，时间稍长，两只手就会感到暖烘烘的。

另外，当气温降到零下10℃时，有些人的耳朵就要长冻疮。预防耳冻疮，除注意耳部保暖外，经常用手把耳朵搓至发热也是很好的办法。

现在由于生活条件的提高，几乎没有冻伤病人了，即使有也是冻疮。对冻疮的主要预防措施一是要注意保暖，二是要注意局部血液循环。如果发生了冻疮，不要用热水烫患处，要用温水清洗。可以用红外线等一些物理疗法治疗，也可以用些药物来促进血液循环。

烧伤了怎么办？

烧伤是由高温、化学物质或电引起的组织损伤。烧伤的严重程度取决于受伤组织的范围和深度，烧伤深度可分为Ⅰ度、Ⅱ度和Ⅲ度。

Ⅰ度烧伤损伤最轻。烧伤皮肤发红、疼痛、明显触痛、有渗出或水肿。轻压受伤部位时局部变白，但没有水疱。

Ⅱ度烧伤损伤较深。皮肤水疱，水疱底部呈红色或白色，充满了清澈、粘稠的液体。触痛敏感，压迫时变白。

Ⅲ度烧伤损伤最深。烧伤表面可以发白、变软或者呈黑色、炭化皮革状。由于被烧皮肤变得苍白，在白皮肤人中常被误认为正常皮肤，但压迫时不再变色。破坏的红细胞可使烧伤局部皮肤呈鲜红色，偶尔有水疱，烧伤区的毛发很容易拔出，感觉减退。Ⅲ度烧伤区域一般没有痛觉。因为皮肤的神经末梢被破坏。

烧伤后常常要经过几天，才能区分深Ⅱ度与Ⅲ度烧伤。

1. 轻度烧伤应尽可能立即浸泡在冷水中。化学烧伤应用大量的水长时间冲洗。在诊所或急诊室，应用肥皂和水仔细清洁创面，去掉所有的残留物。如果污物嵌入较深，可在局部麻醉下，用刷子擦洗。已破或容易破的水疱通常都要去掉。创面清洁后，才能涂敷磺胺嘧啶银等抗生素软膏。

常用纱布绷带来保护创面免受污染和进一步创伤。保持创面清洁非常重要，因为一旦表皮损伤就可能开始感染并很容易扩散。抗生素可能有助于预防感染，但不一定都需要。如果未接种过疫苗，应注射破伤风抗毒素。

上肢或下肢烧伤，应让它保持在比心脏高一点的位置，以减轻水肿。只有在医院才有可能保持这种体位，那里的病床部件可以升起和用来作牵引。如果是关节部位的Ⅱ度或Ⅲ度烧伤，必须用夹板固定关节，关节活动可使创伤恶化。很多烧伤病人都需要用止痛剂，通常是麻醉药，至少要用几天。

2. 威胁生命的严重烧伤需要立即治疗，最好到有烧伤专科的医院治疗。急救人员应用面罩给伤员输氧，减轻火灾中一氧化碳和有毒气体对伤员的影响。在急诊室，医护人员应保持伤员呼吸通畅，检查是否另外有威胁生命的创伤，并开始补充液体和预防感染。有时严重烧伤病人需要送入高压氧舱治疗，但不是普遍应用，而且，必须在烧伤后 24 小时内进行。

如果在火灾中，呼吸道和肺部灼伤，可用气管插管帮助呼吸通畅。是否需要插管可根据呼吸的频率等因素决定，呼吸太快或太慢都不能使肺有效吸入足够的空气和把足够的氧输送到血液中去。面部烧伤或喉头水肿影响呼吸需要插管。有时在封闭空间或爆炸引起的火灾中，烧伤的人鼻和口内发现烟灰或鼻毛烧焦，怀疑有呼吸道灼伤时，也需要插管。呼吸正常时，用氧气面罩给氧。

创面清理干净后，涂敷抗生素软膏或油膏，然后用消毒纱布覆盖。每天更换纱布两三次。深度烧伤很容易引起严重感染，应静脉输入抗生素。根据伤员以前免疫接种情况，确定是否需要注射破伤风抗毒素。大面积烧伤可引起威胁生命的体液丢失，必须静脉补充液体。深度烧伤可能引起肌球蛋白尿，这是因为肌球蛋白从受伤的肌肉中释放出来损害肾脏。如果液体补充不够，就会引起肾衰竭。

烧伤的皮肤表面形成较厚的硬壳，称为焦痂，它逐渐紧缩影响创面的血液循环。如果创面围绕上肢或下肢，焦痂使血液循环受限可能产生严重后果。应切开焦痂松解下面的正常组织。为减少瘢痕和尽可能保留功能，常常需要物理治疗和固定疗法，尽早将关节用夹板固定，保持在功能位置，以防肌肉和皮肤过度紧张、挛缩。夹板一直保留到创面愈合。

如果创面很小（不大于硬币），只要保持清洁，甚至深度烧伤，也可能自愈。如果下层真皮受损面积较大，常常需要植皮。植皮需要的健康皮片，可以取自烧伤病人自身未烧伤的部位（自体植皮），也可取自其他活人或尸体（异体植皮）或其他种类的动物（异种植皮），常用猪皮，因为它与人皮很相似。自体植皮是永久性的，取自其他人或动物的植皮是暂时性的，是在创面愈合过程中为保护创面而采取的措施，10~14天后就要被身体排斥。植皮前，用各种方法进行关节锻炼，增加活动能力，保持正常关节的活动范围。植皮术后，植皮部位应用夹板固定5~10天，植皮成功后再恢复锻炼。在烧伤愈合期间，病人要消耗较多热量与营养。进食困难的人可以饮营养液或用鼻饲管管饲。

严重烧伤需要很长时间才能愈合，有的甚至需要几年时间，因此，病人可能变得非常沮丧。大多数烧伤中心都通过社会工作者、精神科医生和其他人员给这类病人提供心理支持。

皮肤碰到强酸或强碱怎么办？

无论是强酸还是强碱都会对皮肤造成极大的损害，如果皮肤接触到了这两种物质，我们该怎么办呢？

我们先谈一谈强酸。盐酸、硫酸、硝酸被称为工业三大强酸。酸性的表现是溶液中含有共同氢离子的缘故，酸的浓度越大，氢离子越多，酸的氧化性、腐蚀性越强。

酸是许多物质的很好溶剂。它可以“吃掉”铁锈，除去碱性污垢，这是因为酸碱的中和反应。对不溶于水和大多数溶剂的纤维素有特殊的“亲和力”，这是酸的氧化性的表现。如把一团棉花丢进硫酸中，轻摇几下，棉花变戏法似的就不见了。同样当其溅到我们的衣服上，它也会毫不客气地把衣服上的纤维素“吃掉”，轻者衣服上出现许多小洞，重者衣服被碳化而损坏，甚至碰到皮肤使皮肤组织受伤。所以学生在实验室做实验和强酸打交道时，可得千万小心，不可轻视！

在使用强酸时万一不慎溅到了衣物、皮肤如何处理呢？

1. 抓紧时间就地处理，消除或减少衣物、皮肤上的酸液——用大量水冲洗，使酸液浓度尽量稀释，从而减轻损伤程度。强酸一触及到人体，会马上烧伤皮肤，还会往深层组织渗透。强酸烧伤人体皮肤的原理，主要是它会使皮组织脱水，造成皮组织中的蛋白质变性和凝固性坏死。所以，人体皮肤沾有少量强酸的话，最好在最短的时间内，用大量流动的清水冲。当然，冲的过程当中，尽量不要让强酸扩大损伤皮肤的面积。如果第一时间用中和剂去中和，反而会加重伤势，因为中和会在短时间内释放大量的热，热的温度一般都在100℃以上。如果衣服上沾有大量的强酸，不要贸然脱掉，不然很可能会扩大烧伤面积，还可能会把皮撕掉，最好用剪刀把衣服剪开。

2. 如溅到了皮肤上或已发生了化学灼伤，在采用上述方法基础上，再用适合于消除酸液的特种溶剂、溶液（如小苏打饱和液、稀氨水等）或药剂仔细洗涤伤处后，再观察受伤的轻重程度，决定是否需送医院治疗。

3. 如溅入眼睛，受伤者会立即产生难以忍受的痛感，伴有睁不开眼和流泪等症状。可先用大量生理盐水（如无则用自来水）冲洗眼睛，方法是：把面部倾向一侧，睁开双眼，翻开眼皮，用流水直接冲洗约 5～10 分钟后，再送医院治疗。切忌不就地处理就急于送医院，如此反而会贻误治疗时机，引起失明致残危险。

强碱对人体皮肤组织的损害力比强酸更重，因为强碱可渗透深入组织，使组织蛋白发生溶解。碱可使组织细胞脱水与皂化脂肪，碱离子与蛋白结合形成碱性蛋白，可穿透到深部组织。因此，如果早期处理不及时，创面可继续扩大或加深，并引起疼痛。焦痂或坏死组织脱落后创面凹陷，边缘潜行，往往经久不愈。强碱烧伤后急救时用清水冲洗的时间要求长一些，一般不用中和剂。

在使用强碱时万一不慎溅到了皮肤如何处理呢？

1. 立即用大量清水反复冲洗，至少 20 分钟；碱性化学烧伤也可用食醋来清洗，以中和皮肤的碱液。

2. 生石灰烧伤，应先用手绢、毛巾揩净皮肤上的生石灰颗粒，再用大量清水冲洗。切忌先用水洗，因为生石灰遇水会发生化学反应，产生大量热量灼伤皮肤。

3. 烧伤后疼痛是很剧烈的，必需及时给予止痛剂，如口服止痛片或注射杜冷丁口服淡盐水、淡盐茶或烧伤饮料。如病情严重，有条件时应及早静脉输液（如生理盐水、右旋醣酐、血浆等）。切忌口服大量无盐茶水或单纯输入大量 5% 葡萄糖溶液，以免加重组织水肿。

动物抓伤、咬伤怎么办？

狂犬病又称恐水症，是由狂犬病毒感染人引起的人狂犬病，表现为急性、进行性、几乎不可逆转的脑脊髓炎，临床表现为特有的恐水、怕风、兴奋、咽肌痉挛、流涎、进行性瘫痪，最后因呼吸、循环衰竭而死亡。

狂犬病是迄今为止人类病死率最高的急性传染病，一旦发病，病死率高达100%。全球有87个国家和地区有狂犬病发生，但主要分布在亚洲、非洲和拉丁美洲等发展中国家，其中98%在亚洲，中国的发病人数仅次于印度，居世界第二位。自1997年起，我国部分省份狂犬病发病率呈逐年上升趋势，部分地区疫情上升十分明显，发病和死亡人数不断增多。

野生动物是狂犬病病毒的主要宿主。患狂犬病的狗是人感染狂犬病的主要传染源，其次是猫，野生动物中的狼、狐狸等也能传播本病。外貌健康而携带病毒的狗等动物也可起传染源的作用、感染人类。人被带毒的狗或其他动物咬伤后，视咬伤的部位及伤口的深浅、大小而潜伏期有所不同。咬伤部位在颈部以上且伤口又重者，潜伏期可短至数日，咬伤四肢远端伤口轻者，潜伏期较长，可至几年、十几年。

狂犬病的预防主要包括控制传染源、切断传播途径和接种疫苗等几个步骤。

控制传染源主要是家养狗免疫、消灭流浪狗以及对可疑病狗和猫的捕杀。对家养犬进行登记，给予预防接种；对狂犬、狂猫应立即击毙，以免伤人；咬过人的家狗、家猫等应设法捕获隔离10天；病死动物应焚烧或深埋，不可剥皮食肉。

一旦被动物咬伤或抓伤，一定要尽快正确清洗伤口和应用狂犬病免疫制剂、防止发病。首先应该立刻对伤口进行挤压或者在伤口附近系止血带，使含有病毒的血流出。紧接着伤口必须用肥皂水或清洁剂全面冲洗，例如用20%的肥皂水彻底地冲洗伤口，再用大量凉开水反复冲洗，至少半小时。冲洗的目的是破坏伤口处的病毒，防止其增殖和穿入周围神经。冲洗后必须用酒精棉、碘酊或0.1%季胺盐溶液（伤口无残留肥皂水时方可使用，因为这两种物质相互中和）消毒。

条件理想时，伤口应暴露24~48小时，防止病毒穿入神经纤维。如果有免疫血清，可注入伤口底部及周围。伤口缝合或包扎应尽量避免，如果必须缝合，最好在疫苗接种同时给予特异性抗血清。

按照国际上的惯例，一般被狗咬伤后，10 天内如果狗没有发狂犬病，人可以基本排除自己得狂犬病的可能。其次，“春天来了，狗要发情，容易咬人”的说法是误区，狗咬人的高发时间一般在夏天和秋天。还有很多小孩被狗咬后，并不告诉父母，这点应引起父母重视。此外，很多人被狗咬后第一想到的是打疫苗，但在此之前应先对伤口进行充分清洗。

被蛇咬了怎么办？

蛇类大都喜欢气候温暖，雨水充足，食料丰富，以及便于藏身的地方。我国有很多地区，适合蛇类生存，尤其是南方，蛇更多一些。由于蛇类出来活动时，常常躲在隐蔽处，盘在乱石草丛中，不易被人察觉，那么，万一不小心被蛇咬了，该怎么办？被蛇咬伤，除在野外紧急处理外，有条件的，应尽早将病人送往医院治疗。如有可能记下蛇的品种（或打死后随身携带）将有利于医生更好地采取治疗方案。

首先，对蛇伤应该分清是无毒蛇咬伤还是毒蛇咬伤。具体区分方法是：被毒蛇咬伤后，伤口局部可有成对或单一深牙痕（有时伴有成串浅牙痕），在咬伤的局部立即出现麻木、肿胀或出血等状况，尤其混合毒及血循毒更为明显，神经毒为主者出现局部剧痛但肿胀不明显。无毒蛇咬伤，伤口局部一般只有 2 ~ 4 排浅牙痕，而无局部肿痛或全身症状。

应该注意的是一定要镇静下来，不要盲目奔跑走动。因为跑动会加剧血液的流通，使毒素在体内的扩散加速，这是有生命危险的。

接着应立即用柔软的绳子或乳胶管（建议随身携带），如果没有，可在衣服上撕一条宽布带下来，在伤口上方超过一个关节结扎，结扎的动作要迅速，愈早捆扎愈好，最好在咬伤后 2～5 分钟完成；要捆紧，以防止毒汁向全身血液扩散，或回流到心脏，扎紧到能阻止静脉血液回流为止。“一般来说只要在一两个小时内能赶到医院的，可以在绑扎好伤口后不再做其它处理。”同时，若随身带有解毒蛇药尽快服下。若是无毒蛇咬的，吃了也不要紧。

结扎后，可用清水、冷开水、冷开水加食盐或肥皂水冲洗伤口，若用双氧水、1∶500 高锰酸钾液冲洗更好。这是很重要，也应该分秒必争。在没有消毒液情况下，也可用清水，甚至溪水来冲洗伤口。

在经过冲洗处理后，应用干净的利器（建议在野外急救箱内备几片手术刀片）挑破伤口，同时在伤口周围的皮肤上，挑破如米粒大小数处。或以牙痕为中心作“十”型切开。用刀时不宜刺得太深，以免伤及血管。有条件的可以将伤口浸于冷盐水中，从上而下地向伤口挤压 20 分钟左右，使毒液排出。也可以用口直接吸毒，但必须注意安全，边吸边吐，每次都用清水漱口，若口内有溃疡或龋齿，则不能用口吸毒，因为毒液通过口腔黏膜损伤处会很快进入血液循环。但对于小朋友，一定要记住：伤口在没有清洗干净之前，切勿用消毒小刀去扩大伤口排毒。否则，将会适得其反。伤口周围部分蛇毒，反而会进入体内，加重伤势，或造成死亡。

被咬伤的肢体位置要放低，而且每隔 15～20 分钟，要放松一下捆扎的带子约 1～2 分钟。防止被结扎的肢体因长时间得不到血液循环，而制成坏死。

此外，处理了伤口后，应立即就近到医院，再做彻底的处理。这样更保险安全。

总之，只要急救措施及时正确，再加上精心治疗，即使被毒蛇咬了，也一定能转危为安的。

流鼻血怎么办？

流鼻血的原因很多，但是约有一半人找不出原因。鼻腔黏膜中的微细血管分布很密，是很敏感且脆弱的，容易破裂而致出血。流鼻血，医学称“鼻衄”，多由于“肺燥血热”，引起鼻腔干燥，毛细血管韧度不够，破裂所致。如不及时治疗，迁延发展，将会产生严重的后果，如鼻黏膜萎缩、贫血、记忆力减退、视力不佳、免疫力下降，甚至会引起缺血性休克，危及生命。

中医认为流鼻血是由于人的气血上逆导致的。鼻属于肺窍，鼻子出现病症，一般来说，与肺和肝等部位出现异常有着很大的关系。当人的气血上升，特别是肺气较热时，人就会流鼻血。肺气过热时，人的眼底也会带血或出血。上火和流鼻血的原因是一样的，都是气血上逆导致的结果，但上火不是导致鼻子出血的原因。

当鼻腔过于干燥时，里面的毛细血管就会破裂，导致流血。从临床上来看，90%的流鼻血现象都属于血管破裂导致的血管性流血。对此，患者不用太紧张，大多数情况下可以自行处理，及时止血即可。

年轻人流鼻血还与劳累、运动等有关。特别是年轻人爱运动，经常是在运动时，鼻子突然就流起血来。此外，流鼻血也可能因遇事不够淡定，头部供血迅速增加，而鼻腔内部有丰富的毛细血管，在血流增加的情况下容易破裂，从而造成鼻血。一般情况下，这些出血症状，患者自行止血即可。当然，也有可能是因为其他一些严重疾病而引发流鼻血，如肾病、尿毒症、高血压、脑溢血前兆、血友病等疾病。如果多次或长时间流鼻血，应及时就诊。因此，毫无征兆却突然流鼻血者最好去医院做一下检查，及早排除鼻腔肿瘤之类的病变。

一般情况下，鼻腔血管破裂性流血并不需要特别治疗。既然鼻子出

血与肺热有关系，人就应该在饮食，生活上尽量避免导致肺热的情形发生。要少喝酒，少吃辛辣的食物，少吃一切可能生热的食物。相反，可以多吃一些如苦瓜、绿豆汤、西瓜、冷饮等清热降火的食物。取冬桑叶3克，加上白茅根和麦冬，再适当加一些甘草，用来泡水喝，可以达到清热降火的目的。

为什么在冬天流鼻血特别严重？这主要是在寒冷的天气下，我们喜欢吃一些热腾腾的食物，在进食时，阵阵的热气会令鼻腔内的血液加速运行，若鼻黏膜天生较薄或曾经受伤，则容易流鼻血。此外，在寒冷干燥的环境下，我们需要更多血液流经鼻腔，以提高温度和湿度，鼻黏膜的微细血管因而容易充血，引致流鼻血。

从中医学的角度来说，流鼻血的成因可分为燥热及虚弱两类。如果你除经常流鼻血外，亦患有鼻敏感，流出黄色或绿色的鼻涕，又或嘴唇经常殷红、有口气，便是很燥热。首先当然要清热，更重要的是平日不要吃过量香口的食物，如巧克力、曲奇饼、薯条等，亦非常燥热，应尽量少吃。

如果流鼻血了怎么办呢？

1. 首先要尽力镇定自己的情绪，切勿慌乱，在止流之前应先将血块擤出，以免因伤口无法闭合而无法止血。

2. 头部应该保持正常直立或稍向前倾的姿势，使已流出的血液向鼻孔外排出，以免留在鼻腔内干扰到呼吸的气流。

3. 用手指由鼻子外面压迫出血侧的鼻前部（软鼻子处），就像一般以手夹鼻子的做法，直接压迫约五至十分钟。大部分病人都可以此种方法简单地来止血。而另一侧未流血的鼻孔仍可通畅地呼吸。

4. 如果压迫超过了十分钟后血仍未止，则可能代表着严重的出血，或有其它问题存在着，此时就须要送医做进一步的处置。

5. 左（右）鼻孔流血，举起右（左）手臂，数分钟后即可止血；左（右）鼻孔流血时，另一人用中指勾住患者的右（左）手中指根并用力弯曲，一般几十秒钟即可止血；或用布条扎住患者中指根，左（右）鼻孔流血扎右（左）手中指，鼻血止住后，解开布条。

6. “冰敷额头”的作用是希望借额头的皮肤遇冷时，能达到鼻部血管收缩以止血，但其效果并不好，因为距离出血的鼻孔部位太远，且局部过于冰冷会引起头部不适，所以正确的方法是可直接冰敷在“鼻根”及“鼻头”（即整个鼻子）上面。

被蜂或蝎子蜇伤了怎么办？

蜂的种类有很多，如蜜蜂、黄蜂、大黄蜂、土蜂等。雄蜂是不伤人的、因为它没有毒腺及蜇针；刺人的都是雌蜂（工蜂），雌蜂的腹部末端有毒腺相连的蜇针，当蜇针刺入人体时随即注入毒液。蜜蜂蜇人时，常将其毒刺遗弃于伤处；而黄蜂刺人后则将蜇针缩回，还可继续伤人。蜂类毒液中主要含有蚁酸、神经毒素和组织胺等，能引起溶血及出血，对中枢神经系统具有抑制作用，还可使部分蜇伤者发生过敏反应。

人被蜂蜇伤后，轻者仅局部出现红肿、疼痛、灼热感，也可有水泡、瘀斑、局部淋巴结肿大，数小时至1~2天内自行消失。如果身体被蜂群蜇伤多处，常引起发热、头痛、头晕、恶心、烦躁不安、昏厥等全身症状。蜂毒过敏者，可引起荨麻疹、鼻炎、唇及眼睑肿胀、腹痛、腹泻、恶心、呕吐，个别严重者可致喉头水肿、气喘、呼吸困难、昏迷，终因呼吸、循环衰竭而死亡。

一旦我们被蜂蜇到了，可采取以下措施处理：

1. 立即在被蜇局部寻找到蜂针并用消毒针将毒蜂叮在肉内的断刺剔出，再用力掐住被蜇伤的部分，用嘴反复吸吮或用拔火罐，减少毒素的吸收。

2. 局部用3%氨水、5%碳酸氢钠溶液，如果身边暂时没有药物，可用肥皂水充分洗患处，然后再涂些食醋或柠檬。对黄蜂蜇伤则不用上药而局部涂以醋酸或食醋即可 。

3. 可在伤口周围涂南通蛇药或在下列草药中任选一种捣烂外敷，如紫花地丁、半边莲、七叶一枝花、蒲公英等。

4. 万一伤者发生休克，在通知急救中心或去医院的途中，要注意保持伤者的呼吸畅通，并进行人工呼吸、心脏按摩等急救处理。

接下来我们说一说蝎子。蝎子是常见的有毒虫类。蝎毒液是由一对卵圆形、位于球形底部的毒腺所产生，毒腺的细管与钩针尖端的两个针眼状开口（毒腺孔）相连。每一个腺体外面包有一薄层平滑肌纤维，借助肌肉强烈的收缩，由毒腺射出毒液，用以自卫和杀死捕获物。

被蝎子蜇伤后，立即用带子扎紧被蜇处的近心端，如手指被蜇伤，捆扎指跟部，手腕被蜇伤，则捆扎肘部（这样做，可以防止蝎毒随血液进入心脏)，然后拔出毒刺；用手将伤口内的毒液挤出。然后选择下述方法做进一步处理：

1. 蝎毒是酸性的，可在伤口处涂以氨水、浓肥皂水或碱水。

2. 用苏打水或千分之五的高锰酸钾液洗涤或浸泡，效果也不错。

3. 取少许硫磺研成沫，用纸卷成烟卷状，点燃后熏患处，可以止疼。

4. 大青叶 10 克，薄荷叶 10 克，马齿苋 10 克，一起捣烂敷于患处。

5. 取大蜗牛一只，连壳一起捣烂，敷于患处。

6. 煤油少许，碱面若干，调匀涂擦患处。

7. 金银花 6 克，紫花地丁 6 克，板兰根 6 克，土茯苓 6 克，牵牛花 3 克，甘草 3 克，水煎服，每日 1 剂，每剂分 2 次服用，连服 2 ~4 剂。

8. 也可以在伤口周围涂擦南通蛇药。主要是对症处理，可口服抗过敏药物，如扑尔敏、息斯敏、苯海拉明等。

如果伤者中毒严重，对过敏反应严重有休克，按前面所述方法进行处理后，应尽快将患者送医院进一步诊治。

被蚊子叮了怎么办？

蚊子的唾液中有一种具有舒张血管和抗凝血作用的物质，它使血液更容易汇流到被叮咬处。被蚊子叮咬后，被叮咬者的皮肤常出现起包和发痒症状。几乎每个人都有被蚊子“咬”的不愉快事，事实上应该说被蚊子“刺”到了。蚊子无法张口，所以不会在皮肤上咬一口，它其实是用六支针状的构造刺进人的皮肤，这些短针就是蚊子摄食用口器的中心。这些短针吸人血液的功用就像抽血用的针一样；蚊子还会放出含有抗凝血剂的唾液来防止血液凝结，这样它就能够安稳地饱餐一番。

当蚊子吃饱喝足、飘然离去时，留下的就是一个痒痒的肿包。但是，痒的感觉并不是因为短针刺入或唾液里的化学物质而引起的。我们会觉得痒，是因为我们体内的免疫系统在这时会释出一种称为组织胺的蛋白质，用以对抗外来物质，而这个免疫反应引发了叮咬部位的过敏反应。当血液流向叮咬处以加速组织复原时，组织胺会造成叮咬处周围组织的肿胀，此种过敏反应的强度因人而异，有的人对蚊子咬的过敏反应比较严重。

夏暑期间，气候异常闷热和潮湿，生活环境中的蚊子多起来了。无论同学们在学习或入睡时，都会受到蚊子的侵扰。下面给同学们介绍一些驱蚊的方法。

选用质量好的蚊香。那么，怎样才能知道蚊香的质量好与坏呢？请在选购时，不管它是机制盘香、无烟盘香，还是熏蒸型的电热固体蚊香、液体蚊香等，都要认准在蚊香的包装上，要印有卫生部批准生产的许可证编号，以防买进含有毒物质的低劣蚊香；蚊香使用的主要原料成分，应是合成除虫菊和天然除虫菊，点燃后没有刺激性异味。一般在点燃一小时后，蚊子即昏昏然，不再叮咬人了。只有质量上乘的蚊香，才能达到既对人体无害，又能驱蚊的目的。

发挥蚊香的有效作用，掌握蚊香的点燃时间。蚊子一般喜欢在日落后出来活动咬人。所以，可在日落后的半小时，点燃蚊香，使房间内空气有一定药量，把蚊子驱赶出去，或使它中毒，不再叮咬人。另外，点燃后的蚊香，应该放在地上（即低处），使药物随着空气的流通自然扩散。而且要放在避免直接吹到风的位置，这样，可防止药物被风一吹而过，失去效力。

也可以通过吃的食物达到驱蚊的目的。什么食物呢？那是大蒜。大蒜吃到肚中，又如何能在体外，达到驱蚊效果呢？那是因为人在进食了大蒜后再出汗，身上便有一种大蒜气味。蚊子不喜欢这气味，便远远地躲开了。

也可以在屋内放置有刺激性异味、有浓烈香味的东西，达到驱蚊的目的。例如，放上几盒开了盖的清凉油，又如在房间内，放上几盆盛开的木本夜来香，效果也好。真是屋中香花一盆，蚊虫逃之夭夭。再有，在身体上，擦些驱蚊剂之类香水、油剂，也会有驱蚊的作用。

如果被蚊虫叮咬了，切忌乱抓乱挠，否则容易造成细菌感染。专家建议，可采取以下方法止痒：

1. 一般人被蚊子叮咬后，都会出现红肿、痒、痛等症状，这时可用碱性物质进行缓解，比如，可用氨水止痒，也可将香皂蘸水在红肿处涂抹，这样能在数分钟内止痒。

2. 如果叮咬处很痒，可先用手指弹一弹，再涂上花露水、风油精等。

3. 用盐水涂抹或冲泡痒处，这样能使肿块软化，还可以有效止痒。

4. 可用芦荟叶中的汁液止痒。被蚊子叮咬后红肿奇痒时，可切一小片芦荟叶，洗干净后掰开，在红肿处涂擦几下，就能消肿止痒。

刺毛虫的毒毛落在皮肤上怎么办?

刺毛虫即刺蛾的幼虫，南方人称“洋辣子”，是昆虫鳞翅目中的多毛幼虫，它们通常在杨树、梧桐树上啃食新叶。盛夏季节是刺毛虫生长最旺盛的时候，常见道路两旁的大树上有一些红绿相嵌、全身长满刺毛的幼虫，其色彩、形态令人望而生畏，鸟也不敢啄食。遇着风吹雨打，虫体就飘散而下，行人走过，皮肤上如果粘着刺毛虫落下的毒毛，觉得针刺般痛痒难受。遇到这种情况应该怎么办呢?

刺毛虫的毒毛大致有毒针毛、毒腺毛、刚毛、鳞毛等，危害最大的要数毒针毛。在电子显微镜下观察，每根毛上长满了倒钩，刺进人体皮肤后，难以拔除。成熟期的幼虫，其浑身的毒毛可达100多万根。每根毒毛有空心管道相通，其中含有淡黄色的液体成分，这些液体就是毒液。据分析，毒液的成分大都是胺类蛋白质组成，其中有组织胺、乙酰胆碱等有毒物质，它能刺激人体皮肤，引起红肿疼痛，甚至溃烂。

刺毛虫蜇伤后，局部皮肤初感瘙痒，刺痛火灼感，过一会儿则内疼外痒，当搔抓患处可激起阵发性刺痛持续半分钟之久。其刺入处出现米粒至豆大的丘疹，周围发红、水肿，有的还可发生水疱和坏死。多见于暴露部位，如面、颈、前臂。若一区内有多数毒毛刺入，可引起大片水肿性红斑。症状一般于2~3天后减轻，1~2周后消退。曾有专家分析，比较细小的毒毛一旦刺进皮肤后，万一钻进血管，可随着血液流动到全身各部位，如果流到大脑皮层，将引起癫痫等严重反应，后果很难设想。当然，这种情况是比较罕见的。

人的皮肤一旦被毒毛粘着，千万不要用手指搔痒，以防搔破皮肤引起感染。通常治疗可选用以下方法：

1. 刚刚入时可用橡皮胶布粘贴患处，贴后马上撕下，如此反复多次可将刺入的毛带出，或用于疾宁贴膏敷于患处，持续数日后除下，皮疹可外搽复方氧化锌洗剂或用生面粉适量加水和成面筋，用面筋在蜇伤处来回揉滚，上下按提，反复多次也可将毒毛粘去。

2. 点燃酒精灯（用蜡烛或火柴亦可），用火焰烤蜇伤处，可连烤二、三次，烧去毒毛刺，即可止痛。如果局部红肿可涂擦消炎止痒剂，或者用炉甘石乳剂、碘酒、医用酒精等涂擦。

3. 可用5%氨水涂搽患处，但不可搽得过勤、过多，每日涂搽二三次，连搽几日即可痊愈。

4. 用生大蒜头捣烂后，取汁外敷患处。

5. 生甘草适量，嚼烂后敷于患处。

另外，平时不要将衣服晾晒在树干底下，衣服收下来后要轻轻拍打，以防衣服上粘附毒毛。当然，最主要的预防措施是除虫灭害，在盛夏刺毛虫尚未发生大规模危害之时，及时喷洒杀虫剂，以防止刺毛虫的大量生长繁殖。

心理健康

怎样保持心理健康？

科学地讲，健康的含义包括心理健康和身体健康。因此，保持心理健康，营造良好心境是对健康防病大有裨益的。那么，怎样才能保持心理健康呢？

对于一个青春期少年来说，保持心理健康应该做到以下几点：

一、心理特征与年龄相符合

青少年的认识、情感、意志等心理过程，以及个性特征，要符合年龄增长的规律。既不能像童年时的心理那样简单、幼稚，也不同于成年人那样成熟，而是表现出青少年所应有的特点，这是心理健康的基本条件。

二、保持乐观而稳定的情绪

要热爱生活，善于在生活中寻找乐趣，即便是干些家务也不应视为负担，而是带着情趣去干，比如做饭，不断尝试新花样，享受烹饪的欢娱等等。在学习上要不断进步，在进取中实现自己的人生价值，不断感受成功的乐趣。乐观而稳定的情绪有助于提高学习效率。在困难和逆境中，保持乐观的情绪会增强自信心。乐观而稳定的情绪是心理健康的重要标志。

三、热爱学习，培养多种兴趣

学习是青少年时期的主导活动，是为步入成年进入社会打基础的。明确学习目的，培养对学习的兴趣，就会把学习看作是一种乐趣而主动进行学习，这样，学习就不会成为负担。不仅不会因此增加心理的压力，而且有益于心理健康。人到了而立之年以后，随年岁的增长，有人便产生了“看破红尘”的感觉，对什么都不感兴趣了，这样不利于心理健康。如果仍保持一颗童心，对任何事物都有一种好奇，不论对知识更新，还是对身心健康都有好处。

四、建立良好的人际关系

在家庭、学校及各种环境中，要与父母、老师、同学保持融洽的关系。与人交往中，要平等待人，尊重和理解他人，乐于助人。要和同学建立正当的友谊，寻找自己的知心朋友。在家庭、学校和各种场合中，努力做一个受大家欢迎的人。以谅解、宽容、信任、友爱等积极态度与人相处，会得到快乐的情绪体验。尤其是被人误解的时候，要亮出高姿态，待对方晓知真相后更会佩服你，这样宽容、关心别人也有利于营造好心境。助人为乐，是一种高尚美德，其作用不仅使被帮助者感受人间真情，解决一时之难，也使助人者感到助人后的快慰。经常帮助别人，就会使自己常处在一种良好心境中。

五、自我调节，适应环境

对自己所处的环境不满意或遇到不幸、挫折时，一些人往往会产生忧郁、悲痛、焦虑等不良的情绪，失去心理平衡。这时应采取积极的态度，疏导情绪，调整自己对现实的期待，使自己能够面对现实，以最适

当的态度适应环境和处理问题，增长自己的耐受力。遇到不顺心的事，别闷在心里，要善于把心中的烦恼或困惑及时讲出来，使消极情绪得以释放，从而保持愉悦心情总伴你左右。

六、接受自己的性身份

青春期少年要正确认识和对待自己的性身份，做符合自己性别身份的事，并对自己是男性或女性感到满意，决不因为自己的性别而产生自卑感。只有自觉认识和正确对待自己的性身份，才能愉快接受自己的性身份，保持良好的心理状态。这也是青春期少年心理健康的一个重要标志。

七、培养生活中的幽默感

除了严肃、正式的场合外，在同学、朋友乃至家人中，说话时适当地采用幽默语言，对活跃气氛、融洽关系都非常有益，在一阵会心的笑声中，大家心情都会特别好。

健康的心理状态是学习的重要条件，有健康的心态才会有自信的状态；有健康的心态，才会在前进的路上不卑不亢，勇往直前。健康甚至会决定人生的发展方向和最终结果。健康，毫无疑问的是一种不可交易的财富。

得了口吃怎么办？

为什么说话会结巴？有的是由于幼时学语时，不能顺畅地表达自己的思想，吞吞吐吐地说话而造成的。也有的是因为心里紧张或遇到急事造成的。更有一些学生朋友，学着结巴说话，久而久之自己也成了结巴。

由于说话结巴是一种心理性疾病，因此首先要克服心理障碍。要大胆地说话，不要怕别人笑话。其实越不爱说就越说不好。只有大胆地说，才能更正结巴的毛病。

对于口吃问题的原因和症状，人们取得了很大的共识。但是，对于口吃矫正方法，人们却没有统一的共识，因为迄今为止，人们还没有找到行之有效的矫正口吃的方法。尽管口吃的矫正还处在探索阶段，但也诞生了许多有一定效果的矫正方法，其中影响力比较大的是发音法、呼吸法、森田疗法、突破法、药物治疗方法。

一、发音法

就是要在每句话的开始轻柔地发音，改变口吃者首字发音经常很急很重的特点。说话的速度要降到很慢的程度，一开始时一分钟 60 ~ 100 字，而人们平时说话的速度要达到每分钟 200 字。这样有两个效果，一是慢速让人心态平静，二是有一种节奏感。这两点都能有效地减少口吃。口吃者在朗诵和唱歌的时候不口吃，就是因为有一种稳定的节奏感在里面。

二、呼吸法

提倡腹式呼吸法。由于深呼吸能使肌肉获得适当的运动和协调，能松弛与缓和身体各部和颜面肌肉的紧张状态，能逐渐消除伴随运动。深呼吸能影响人的情绪，能使激动的情感得以缓和以致平息。

三、突破法

口吃患者组织在一起或单独到人群密集的地方去演讲、唱歌，逐步克服说话的恐惧心理。

四、森田疗法

森田疗法是治疗精神病症的方法，核心思想是“顺其自然，为所当为”。放弃口吃的治疗，接受口吃，做自己应该做的事情。这种思想类似于不治而愈。该方法能有效的缓解口吃患者的心理压力。

五、药物治疗方法

每天或需要说话之前，服一定当量的镇静剂，缓解紧张情绪，可以达到一定程度的语言流利。这类方法在西方国家较为流行。药物治疗方法必须要在医生监督下使用。长期使用可能会对身体造成损害。

六、沉默疗法

在你紧张或有口吃预期的时候，少说或不说。口吃是一种条件反射，而长年的口吃，会强化你的条件反射。但是在紧张的环境下，少说或不说，使口吃的发生几率降低，口吃的条件反射就会逐渐淡化，最后消失。需要强调的是，利用该方法，并不是要你不说话，少说话，恰恰相反，你需要经常跟人交流，多倾听，只是偶尔紧张或预期口吃的时候，适当少说而已。

口吃的矫正方法还有很多，除了对身体有损害的疗法之外，口吃患者都可以勇于尝试。许多口吃患者通过上面的一些方法，获得了语言新生。

染上网瘾怎么办？

网瘾可谓互联网成瘾综合征。即对现实生活冷漠，而对虚拟的网络游戏、情爱、信息等沉溺、痴迷。它是一种行为过程，也是行为发展的终结。心理学认为“网瘾”是一种精神病；而心理老师认为网瘾是正常人出现的心理问题（特例除外）。

如何判断上网成瘾呢？主要表现为：因担心电子邮件是否送达而睡不着觉；一到电脑前就废寝忘食；常上网发泄痛苦、焦虑等。以上症状是上网综合征的初期表现。更有甚者表现为上网时身体会颤抖，手指头经常出现不由自主敲打键盘的动作，再发展下去则会导致舌头与两颊僵硬甚至失去自制力，出现幻觉。专家建议，一旦出现网瘾，必须立即与电脑阶段性隔离。那些上瘾的同学，可以参考以下方法戒除网瘾：

一、正视危害

沉迷于上网，尤其是沉迷于黄色网站，危害极大。它会使人迷失于虚拟世界，自我封闭，与现实世界产生隔阂，严重影响学习，甚至中断学业。久而久之，还会影响正常认知、情感和心理定位，导致人格的偏离，甚至发生意想不到的可怕后果。有的因上网成瘾，神情恍惚，人格扭曲，无心读书，中途辍学；有的无钱上网，拦路抢劫，偷窃财物，导致违法犯罪；还有的连续几天几夜泡在“网吧”，不思食寝，过度疲劳，猝死“网吧”。即使没有网瘾的人，如果每天12个小时对着电脑，都可能会让自己少活10年以上时间。

二、以新代旧

在戒除某种习惯时，这种习惯仍有很大的诱惑力，这是正常的心理现象。有心理学家把这种情况比喻为冲浪者所面对的阵阵波浪。这种诱惑的“波浪”虽然会出现，但在3～10分钟内就会自行消退。在戒掉“网瘾”的一段时间内，个人的情感需要并未结束。此时，需要用一种新行为、新习惯来替代老习惯所产生的满足感。对于上网成瘾或者是正在戒网瘾的青少年，要注意培养新的爱好和习惯，要多参加一些自己喜欢的活动，多做一些自己感兴趣的事情，用自己的新行为和新习惯来代替上网习惯，冲破网瘾诱惑。

三、科学安排

预防或戒除网瘾，很重要在于自己能科学合理安排上网时间和内容，尤其要为自己约法三章：一是控制上网时间。每周最多2～3次，每次上网的时间一般不超过 2 小时，且连续操作 1 小时后应休息 15 分钟。尤其是夜晚上网时间不能过长，应按时睡觉。二是限制上网内容。每次上网前，一定先明确上网的任务和目标，把要完成的具体任务和内容列在纸上，按需点击，不迷恋网上游戏，坚决不上黄色网站。三是准时下网。上网之前，根据任务量限定上网时间，时间一到，马上下网，不找任何借口，不原谅自己，不宽容自己。

四、请人监督

要戒除网瘾，寻求别人的支持和帮助非常必要，最好的办法是找到一个人帮助你克服这个问题。这种支持可来自同学、老师、朋友和家长，可先向他们讲明自己控制上网的计划，请他们监督；当“网瘾”出现时，请他们及时提示，帮助克服。平时的活动，要多与学习好的同学在一起，与他们一起上课，一起自习，一起交流，在他们的带动和帮助下，有助于你淡化网瘾，把精力集中到学习上。当你取得一点小成功时，比如已经按计划实行一周，不妨对自己进行奖励或暗示，学会为自己加油。

五、预防为主

对于每个人来说，特别是青少年，一旦患上网络成瘾症，要戒除是会很困难的。因此，预防是治疗上网成瘾的最好良方。一是提前打好“预防疫苗”。社会、学校和家长都要通过各种宣传途径，使青少年看到上网好处的同时，也要看到可能带来的危害；采取各种有效的方法，坚决杜绝青少年上黄色网站，控制不玩或少玩网络游戏。二是丰富日常生活。平时积极参加社会、学校等方面举办的各种有益活动，注意培养自己良好的兴趣、爱好；多与家长、老师和同学交往沟通，获得心灵上的慰藉与成长。三是及时遏制上网有瘾的苗头。当你出现上网有瘾的苗头时，立即采取有效措施，及时控制自我，决不宽容自己，以防止上网成瘾症发生。

六、寻求帮助

当你自己无法解决上网成瘾问题时，一定要积极主动地寻求专业人员的帮助。一是可以找心理咨询师进行个体咨询，心理咨询老师会帮助你走出上网成瘾的困惑。二是可以参加团体心理训练，这是戒除网瘾的一种很有效的方法。团体训练是多种咨询理论的综合利用，通过丰富多彩的群体互动活动，对你产生感染、促进和推动作用，帮助你改变认知，改变心态，获得心理上的提升，同时学会制定自我管理的行为契约，根据目标行为完成与否进行正强化或负强化。这种相互监督的契约是对各自上网态度与行为的承诺，由于这一承诺是在群体中做出的，那么遵守它的动机与压力就强多了。因此，参加团体心理训练对于预防或戒除网瘾会有显著的效果。

总是失眠怎么办？

失眠是一种最常见的睡眠障碍。失眠会引起人的疲劳感、不安、全身不适、无精打采、反应迟缓、头痛、记忆力不集中，它的最大影响是精神方面的，严重一点会导致精神分裂和抑郁症，焦虑症，植物神经功能紊乱等功能性疾病，以及各个系统疾病，如心血管系统，消化系统等等。对学生朋友来讲，造成失眠的原因主要有以下几点：

一、情绪高度紧张

学生朋友的失眠常发生在重要考试期间。此时学习紧张，复习任务重，学生的情绪也紧张，思想负担也重。他们常常处于一种惶惶不安、焦虑紧张的状态，一会儿担心复习时间不够，一会儿害怕考不好父母的责骂、老师的批评、同学的嘲笑，以致夜晚失眠。

二、大脑过度疲劳

兴奋和抑制是大脑高级神经活动的两大基本活动过程，二者相互依存、相互协调，处于动态平衡中。有些同学，常常在考试期间加班加点，白天上课、复习，晚上仍长时间地复习功课，使神经细胞一直处于兴奋状态。此时躺在床上，肯定难以入睡，因为神经细胞的过度兴奋和疲劳，致使中枢神经系统的兴奋和抑制失去平衡，从而引起失眠。

三、过于兴奋或悲哀

人逢喜事精神爽，一个人在遇到特别高兴的事情时，常常处于亢奋状态。如参加数学竞赛，在市里获了奖；在学校的国庆文艺演出中，得到大家雷鸣般的掌声等等，有时这种情景会不断在眼前浮现。相反，当一个人遇到特别伤心的事时，如考试不及格、受到班主任的当众批评等，则会闷闷不乐、思绪纷乱，上床后难免辗转反侧，不得入睡。

如果患了失眠症，请不必过于紧张，可试着运用以下方法进行治疗：

一、消除对失眠的恐惧感

研究表明，失眠本身并不可怕，可怕的是对失眠的过分关注。有一些失眠者，在准备睡觉时，情绪就马上紧张起来，一躺在床上，便担心睡不好。尤其是考试的前一夜，有些学生常想：明天要考试，今夜休息不好，肯定会影响考试成绩。结果，越是担心，便越睡不着，越睡不着，便越着急，从而形成恶性循环。因此，过分恐惧与忧虑所引起的危害则远远超过了失眠本身的危害。

二、睡前不要从事繁重的脑力劳动

即使是考试复习期间，也应在入睡前的一刻钟或半个小时之前，减少脑力劳动。可以听听曲调柔和的音乐，慢慢地整理一下床铺，用温水洗洗脸，热水烫烫脚等。躺到床上后，可“先静心，后睡眠”，即先平静心情，再闭上眼睛入睡。

三、建立睡眠规律，遵守作息时间

许多人有这样的体会：如果平时均在晚上10点左右入睡，某一天因看有趣的小说或好朋友交谈，远远超过了平时的就寝时间，再躺下去便很难入睡，因为正常的睡眠规律被打乱了。因此，建立睡眠规律，形成到点必上床，到点必起床的习惯，对治疗失眠是很有必要的。

另外，对于部分较重的患者，应在医生指导下，短期、适量地配用安眠药或小剂量抗焦虑、抑郁剂，或使用一些中医药方等。这样可能会取得更快、更好的治疗效果。

患上神经衰弱怎么办？

神经衰弱是一种常见的神经病症，患者常感脑力和体力不足，容易疲劳，工作效率低下，常有头痛等躯体不适感和睡眠障碍，但无器质性病变存在。神经衰弱主要症状有：①容易疲劳；②容易兴奋；③睡眠障碍；④情绪障碍；⑤紧张性疼痛和植物神经功能紊乱。这些都会对学习产生不良的影响。

如果你已患了神经衰弱，首先不要为此而苦恼，或背上思想包袱，因为这种病不是器质性疾病，也不是神经中枢的病变，而是大脑机能暂时性功能失调所引起的一种心因疾病。只要稍加调节，抱以乐观的态度，神经衰弱是可以治愈的。在治愈过程中，可注意以下几个问题：

一、树立战胜疾病的自信心

对神经衰弱这一疾病的态度正确与否，常常影响治愈的进程与效果。如前所述，神经衰弱既然不是器质性疾病，因此，不必为患此病而顾虑重重，对平时出现的一些症状，不要过多地去注意，要尽可能地去淡化它，不要随时去体验，随时去暗示自己。

曾有一位患神经衰弱的病人，因他总是担心自己病情加重，住进了医院，他最害怕的就是晚上失眠。第二天清早，护士刚走进病房，他便对护士讲：“不行了，昨天我一夜都没睡好！”护士说：“你昨晚睡得挺好的，夜里下雨时我来病房关窗子，你睡得呼呼的，一点都不知道。我还两次进来拿药，你也不知道。”可见，这位病人主要是疑心太重的缘故。因此，淡化病情，树立治愈的自信心，是病情好转的前提和条件。

二、劳逸结合，科学用脑

应根据自己的情况，制订出合理的作息制度，在保证 8 小时的睡眠的前提下，有规律地生活，这利于大脑神经活动的节律化。用脑时间长了，便会感到疲劳和注意力不集中，学习效率下降。这是一种正常的现象。因为疲劳是人体的一种保护性反应。大脑疲劳后，应及时休息。

休息可分两大类，一类是消极的休息，即睡眠或闭目养神。这种休息可使刚才过度兴奋的脑细胞暂时处于相对抑制状态，得到相应的休息。另一类是积极的休息。如适当参加文体活动或轮换学习不同课程，这种休息可以交替发挥大脑两个半球不同功能区的作用。因为大脑的左半球主要管人的逻辑、语言思维，右半球主要管人的形象、运动思维。因此，交替发挥大脑两个半球不同功能区的作用，便可使原来处于兴奋状态的部位转入抑制状态，原来处于抑制的部位转入兴奋状态。如看语文久了，可演算一会儿数学题；物理、化学题做多了，可唱唱歌、听听音乐等。

三、培养乐观、开朗、活泼的性格

具有自卑、敏感、多疑、自制力差、主观任性、争强好胜等性格特征的人易患神经衰弱，因此，培养活泼、乐观的性格是治本的关键。

四、适当运用药物治疗

治疗神经衰弱常用的药物有：三溴合剂、安定、谷维素、维生素 C、谷氨酸、利眠宁、养血安神丸、安神补心丸等。

五、注意营养补充

营养出现障碍时也会出现神经衰弱的一些症状。饥饿时人可以出现疲劳感、注意力涣散、行动迟缓、头痛头晕、嗜睡或失眠等神经衰弱症状，除食物以外对任何事物都不感兴趣。此外维生素 B、维生素 C 的缺乏，水、盐的摄入不足等等，都可以出现神经衰弱症状。大脑需要的营养物质，除了脂类、蛋白质、糖类、氧气和水分以外，其他如维生素、钙、磷、钾、镁以及微量元素等也是不可缺少的。神经衰弱患者在饮食疗法方面应特别注意食用对脑有营养价值的食物。

得了考试焦虑症怎么办？

学生因考试而产生的紧张、不安、焦虑、恐惧等心理是一种常见的心理现象，也可以说是正常心理反应。问题在于有的学生善于进行心理调适，使之成为学习的动力，从而在考试中正常发挥自己的水平；而有的学生由于意识不到自己的不良心理状态，对考试焦虑缺乏有效的调节，致使考试成绩不理想。因此，对广大学生来说，除了平时认真刻苦学习以外，还要注意加强自己的心理训练和调适。

考试焦虑是一种复杂的情绪现象，学生在考试期间心理上的紧张、不安、焦虑、恐惧等在情绪上的反应都可称之为考试焦虑。它可分为两大类：一类是指在考试来临前的一段时间内持续存在的焦虑；另一类是指在考试过程中产生的焦虑，如“怯场”、“晕场”等。克服考试焦虑可以采用多种方法来进行自我训练、自我心理调适，以下是一些简便有效的办法：

一、端正考试动机，减轻心理负担

每位学生对考试的意义都要有客观正确的认识，从而树立正确的应试动机。考试作为一项复杂的脑力劳动，需要保持清醒的头脑和中等程度的焦虑，以保证在考试中正常发挥水平。反之，把考试的意义片面夸大，甚至把考试与个人终身的成就、事业和幸福等紧紧联系在一起，考试还未来临就惶惶不可终日，带着强烈的求胜动机和沉重的心理负担去复习、考试，结果情绪焦虑程度越积越强烈，临场发挥时事违人愿。因此，越是临近重大的考试，越要适度降低求胜动机，减轻心理负担，真正做到轻装上阵。当然这绝不意味着要求学生考试抱消极应付的态度，而毫不准备、毫无压力地参加考试，其根本目的仍然是要求学生保持旺盛的精力和积极的心理状态来迎接考试。

二、做好充分准备，形成良好的考试状态

充分而良好的准备状态，是预防产生过度焦虑的最有效方法。考前的准备工作很多，如物质准备、知识准备、体能准备、心理准备等，缺一不可。

一般说学生对考前的物质准备（如考试时所需文具等）、知识准备（如全面认真复习等）已达到最高限度，因而它们对考试结果的影响相互之间差异较少。影响考试结果差异最显著的是体能准备和心理状态。比如体能准备，有不少学生在考前拼命复习功课，作息时间颠倒，生理功能紊乱，睡眠不足，缺乏体育锻炼和文娱活动，致使大脑过度疲劳，体能下降，精力不济，这无疑极大损害了考前良好的体能准备，加之心理上的紧张焦虑，临场“晕场”的可能性就会增大。

需要特别指出的是，有些学生在考前为保证旺盛的精力，饮服大量的高脂肪、高蛋白的营养品，不注意饮食卫生和良好习惯，造成消化不良和肠胃功能紊乱，体能不仅没有增强反而下降。考前适量补充营养是需要的，但一定要注意适度，防止暴饮暴食。无论是体育竞赛还是各种

考试的经验都已证明，缺乏良好的体能准备是难以发挥正常水平的。

俗语说“大考大玩，小考小玩”中的“玩”，事实上就是娱乐，紧张学习之余的娱乐，可以使人消除生理疲劳，恢复体能，还可能使人情绪轻松，压力减轻，从而防止高强度焦虑的产生。反之，考前忧心忡忡，焦虑不安，缺乏良好的心理准备，这样在困难还未出现时，就已被困难吓倒。就像有人说的：很多人不是被困难击倒，而是被他们自己击倒。所以，学生在考前都应积极调整自己的心理，既要对考试时各种困难挫折有客观而科学的估价，又要有克服困难挫折的充分心理准备。

三、冷静处理“怯场”

怯场是学生在考试过程中，在考试情境与考试本身的强烈刺激下，引起情绪高度紧张和焦虑，难以控制自己的心理活动，使心理活动暂时中断或失调的现象。当学生意识到自己出现怯场现象时，不要惊恐慌乱，有几种缓解方法可供借鉴：

其一是安静下来，暂停阅卷、答卷，静静伏在桌子上稍作休息，转移注意力，停止有关考试活动的强制性回忆。一般情况下，时间很短就可以消除怯场，正常考试。

其二是可以用“调整呼吸法”，即当遇到情绪极度紧张时，停止有关活动，全身放松，多次做深而均匀的呼吸。呼吸时大脑最好排除其他杂念，双眼注视一个固定的目标或微闭，反复有节奏地呼吸，这样也会很快地消除怯场。

其三还可以用默默数数的办法来暂时转移注意力，从“1”一直数下去，或用冥想法闭上双眼全身放松，想象一个大气球有一小孔漏气，气球由大慢慢变小，等等。

这些方法都可反复使用，不仅有助于克服怯场，对一般的考试焦虑也都有缓解作用。另外，为了防止考试过程中的怯场，不可以在考前短暂的几十分钟里，做一些积极的准备活动。例如考前的半小时内，不要继续进行高度紧张的复习，避免谈论和考虑有关考试的问题，而应该做一些放松的，有助于减轻心理压力的事（例如听听音乐），防止怯场发生。

得了社交恐怖症怎么办？

社交恐惧症，又名社交焦虑症、见人恐怖症，是恐怖症中最常见的一种，约占恐怖症病人的一半左右。社交恐惧症是一种对任何社交或公开场合感到强烈恐惧或忧虑的精神疾病。患者对于在陌生人面前或可能被别人仔细观察的社交或表演场合，有一种显著且持久的恐惧，害怕自己的行为或紧张的表现会引起羞辱或难堪。有些患者对参加聚会、打电话、到商店购物、或询问权威人士都感到困难。

社交恐怖症主要是由一种“怕”心理引起，如怕见陌生人、怕难为情、怕表现自我等。本症是在多年的日常生活、工作、学习中形成的，因此防治就需要在长期的日常生活、工作、学习中，逐步培养对外界的适应能力，有意识地多接触周围的人和事。尽管起初会不太习惯，有时会出现失态的情景，会怕觉得难为情，可应该明白，任何人不是天生就具有那种良好的社交心理和手段的，人需要在后天的社交活动中培养，才能变得自如起来。

防治社交恐怖症，要从心理上去掉在社交中的自卑感。若带着消极的心理，常常会使自己不愿多说话、不愿多活动。其实，每个人都有自己的长处和短处，在社交上不如别人，并不是什么都不如别人，要多想一想自己的长处。不习惯社交的人，尤其要去掉自卑感，树立一种自强、自信、自立的自我精神，只有这样，在心理上才能战胜消极，在待人接物中，变得主动、显得落落大方。

防治社交恐怖症，还要在心理上去掉“怕”字。正常的社交活动，并不带有什么神秘的色彩，只不过是社会间人与人的交往与应酬。因此，过分注意自己社交中的言谈举止是多余的，随和、大方、自然，平时怎么说、怎么做，社交中也如此，时间长了，社交就习惯了。

防治社交恐怖症还要注意社交的形式，如社交前可带着明确的社交内容参加社交。心理上有了具体社交内容，就可以把注意力从自身转移到事物上，不致于过分紧张。初次社交可以在社交活动比较老练的人陪伴下，由陪伴者唱“主角”，自己唱“配角”，这样既可以学到别人的社交方式，又可以借以训练自己的社交能力，防止社交中出现尴尬局面。

除了以上所说依靠自身防治社交恐惧症外，有些病况较轻微的人只需要接受心理治疗，医师会为病人做心理建设并在咨询的过程中了解病人产生社交恐惧症的主要原因，从症结点加以开导，帮病患建立起自信心。若是病情较严重，医师则会配合药物治疗。

患了强迫症怎么办？

强迫症是一种神经症，是以强迫症状为中心的心理异常疾病。病人常常不能自行克制地重复出现某种观念、意向和行为，并且因为这些行为而深感痛苦，但却无法自行摆脱。许多患者具有主观任性、急躁、好强、自制力差或胆小怕事、优柔寡断、迟疑畏缩、缺乏自信心、生活习惯比较呆板、喜欢过细地思考问题等性格特征。强迫症大多在一定的精神因素作用下发病，或病前有身体疾病，过度疲劳等，造成神经系统功能减退而起病。这种疾病常发生于青春期。

国内临床医学专家将强迫症的表现分为强迫观念或强迫意向和强迫行为两大部分。强迫观念表现为不自主冒出某种想法、某句话、某句歌词等。还可表现为强迫性思维，即总是想着一些毫无现实意义而且不可能得出结论的问题，而这些问题多是一些普通的自然现象或日常生活中的事物，如人为什么长两只眼睛和耳朵？一加一为什么等于二？等等。

对于以上情况，病人明知没有必要，也毫无意义，但又无法摆脱，内心十分痛苦。

强迫意向指病人被一些超常的、不合情理的欲望和意向所纠缠，产生一些可能导致可怕后果的冲动。例如，走到河边或井旁时就出现要跳下去的冲动，母亲（病人）抱着心爱的孩子在凉台上乘凉时出现要把孩子扔下去的冲动等。有的患者有强迫行为，如离家后反复回来检查门窗是否关好或锁好。有的患者常怀疑自己的手或衣服被玷污了，虽反复洗了多次，仍不放心。有的患者每当见到台阶、柱子等便不由自主地依次点数，明知毫无必要，但不计数就心里不安，甚至计数漏掉了又从头再数一遍。有的还重复某种仪式性动作，如在无人处走三步以后必跳一步，一只手臂碰了椅子，另一只手臂也一定再碰一下椅子，表示一切动作均要保持对称性。

如果某同学存在以上某种现象或身边的某个人存在以上某种现象，都必须认真对待，到医院去进行心理治疗。可以参考以下这个方法，包括四个步骤：

一、再确认

第一步最重要的就是学习“认清”强迫症的想法与行动。每天的觉察几乎是自动化的、肤浅的。“全心的觉察”是更深刻的、更仔细的，且要经由专注努力才能达成。记住想改变脑部的生化变化，来减少强迫性冲动可能要花上几周或几个月。若想在几分钟或几秒钟内赶走这些强迫症状，是会让您失望的！事实上反而会让强迫症状更严重！在行为治疗当中要学习控制自己不对强迫性想法作反应，不管它有怎样干扰我们。目标是控制你对强迫症状的反应，而不是去控制强迫思考或冲动。

二、再归因

自己对自己说：“这不是我，这是强迫症在作祟！”强迫性想法是无意义的，那是脑部错误的讯息。你要深切地去了解，为何急着检查或

“为何我的手会脏”这么有力量，以致让人无法承受。假如你知道这些想法是没有道理的，那么为何你对它要反应呢？了解为何强迫思考是如此的强烈，与为何无法摆脱它，是增强你的意志力和强化你去抵抗强迫行为的重要关键。这个阶段的目标是学习“再归因”：强迫想法的源头是来自脑部生化的不平衡。

三、转移注意力

转移注意力是要将注意力转移开强迫症状，即使是几分钟也行。首先选择某些特定的行为来取代强迫性洗手或检查。任何有趣的、建设性的行动都可以。最好是从事自己的嗜好下手，例如：散步、运动、听音乐、读书、玩计算机、玩篮球等。

当有强迫性思考时，你先“再确认”那是强迫性思考或冲动，且“再归因”那是源自你的疾病强迫症，然后“转移注意力”去做其它的事。记住不要陷入习惯性的思考，必须告诉自己：“我的强迫症又犯了，我必须做其它的事情”，你可以决定“不要”对强迫思考做反应，你要作自己的主人，不要做强迫症的奴隶！

四、再评价

再评价的终极目标是贬抑强迫症状的价值，不随着它起舞。再评价有两个重点：第一，有心理准备，就是了解强迫症的感觉将要来，并且准备承受它，不要惊吓。第二，接受它，当有强迫症状时，不要浪费力气自责。你清楚症状来自何处，你知道如何应付它。不管强迫症状的内容是什么，不管那是暴力或性，你知道这些症状会在一天当中发生几百次。你不必每次都响应，好像那是一个无法预测的新想法。拒绝让它冲击你，拒绝让它打败你。靠着对强迫想法做心理准备，你可以马上确认出它且做再归因的工作。你同时可以做再评价的工作。当强迫症发生时，你已经做好心理准备了。

有强迫症的人必须锻炼自己的心志，不要依照强迫性感觉思考去做。

我们必须知道这些感受是一种误导。用一种逐渐但是温和的方式来改变对强迫症状的反应，并且试图与之对抗。我们从中学习到即使持续、强迫性的感受，都只是暂时的，只要不随之起舞，它终将消失。当然我们也记得当我们对强迫症投降时，它会越来越强烈以致淹没我们。我们必须学习体认这些强迫性冲动来自何处，并且试着对抗它。

怎样预防抑郁症？

情绪低落既有生理方面的原因，也有心理方面的原因，对大多数人来说，这两方面都有一些促进的因素。这些因素有累加效果，因此对付其中任何一个因素都会起作用，即使是你觉得不太重要的因素，譬如压力，它就像麦秸一样，太重了会将骆驼脊背压断的。有五条长期策略能帮助你预防抑郁症或防止抑郁症再发作。

一、注意睡眠、饮食和运动

我们不可忽视那些有可能导致情绪低落的基本生理因素。如果你睡眠不佳，食欲不振，听任自己处于不良的生理状态，你就很容易出现低落情绪，因为日常活动耗尽了你的精力，很快就会把你压垮。失眠是低落情绪的一种很普遍的后果，反过来它又能使你容易发作抑郁症。在抑郁症发作期间，你很难对失眠采取什么直接的对策，因为你需要集中精力对付抑郁症。因此在你情绪较好的时候，就应该养成良好的睡眠习惯。

对于酒精饮料也要特别注意。对于易发抑郁症的人，这是一个很大的问题。酒精能暂时使你逃避问题和烦恼，然而由酒精而激发的那点轻松感和自信是很肤浅的，问题仍然潜伏在表面之下，在暗中蔓延滋生，最终必将爆发出来，带来更深的抑郁，将比以往任何一次更加难以对付。

过度的节食会使你心情烦躁、抑郁、疲倦和虚弱。女生普遍希望自己的体重和体形得到控制，因而控制她们的饮食。然而她们往往把自尊心和体型外貌乃至节食过于紧密地联系在一起了。另外，运动能防止抑郁症的发作，有助于增强体力。它也能较快地提高情绪，短时间地缓冲抑郁。

二、明确你的价值和目标

如果你很容易发作抑郁症，应该检查一下你的人生目标和价值，检查一下你是怎样消磨时间的。反复出现低落情绪的一个重要原因是你实际做的事情同你真正看重的事情不相称。这种不相称本身并没有明确表现出来，都表现为笼统的抑郁情绪。如果你还没有写下你的价值和目标的个人声明书，我们建议你做一下。它能帮助你评价目前的工作和个人生活是否符合你的价值观。如果不是的话，它能帮助你选择最有利于摆脱抑郁苦恼的改变方案。

三、将欢乐带入生活

抑郁常常导致自尊心的下降甚至自暴自弃。易感抑郁的人往往比较善良，体贴他人，利他主义，却往往过低评价自己，贬低自己，拒绝应得的欢乐。即使在情绪正常的时候，他们也总是觉得自己没有资格享受欢乐。他们不值得欢乐，总是把别人的需要放在第一位。有许多父母就是这样。他们把儿女的需要放在大大高于自己的需要之上，而不给自己留下一点点时间和空间。

即使你现在还不认为你有资格享受自己的欢乐，至少你应该做你自己所喜欢的事情。无论工作怎么忙，你也必须找时间来让自己轻松一下，做一点你觉得能使自己高兴的事情。眼前的欢乐能帮助你预防未来的抑郁。将欢乐带进生活的确是良好心境的基本策略之一。

四、不要孤注一掷

世上没有一帆风顺的事情。每个人都会遇学习或工作的某些方面进展不顺的情况，或个人爱好得不到满足，或生活中似乎充满各种问题。因此如果将所有的自尊心都绑在生活的某一件事情上，你肯定会变得非常脆弱。为了避免发生这种片面的依赖性，最好是有生活的多个方面：朋友，家庭，工作，爱好和兴趣，家庭内和家庭外的，社会和个人的。每一个部分都能增强你的自尊心。当生活的某一个方面进展不太顺利的时候，你还可以从其它的方面获得安慰和支持。

五、建立可靠的人际关系

当发生什么不利事件时，有一个可以完全信赖的人，无论是亲戚、配偶或朋友，是防止抑郁的最重要保证之一。如果你还没有这么一个亲密的可以依靠的人际关系，你的朋友也不能向你提供能帮助你防止抑郁的感情支持，你就应该想办法开始建立这样的支持关系。

建立可靠的人际关系需要时间，需要你自己的努力，不可能一夜就建立成功。虽然似乎有点困难，但你要记住：在生活的任何阶段都可以建立这样的关系。值得注意的是，可靠的人际关系决不应该是溺爱式的关系。我们不仅需要支持，还需要有自己的空间，自己的独立性和意志自由。你应该对关键性的关系进行一下检查，有没有“支持过度”？有没有给你留下太少的独立自主时间？如果有这样的情况，你应该同对方商量，作一点改变，以寻求支持和独立之间和最佳平衡。

实施以上 5 条策略，你就能够保护自己，预防抑郁或防止再发生抑郁问题。

青春期情绪难调控怎么办？

情绪是心理活动的核心，对身心健康有重大的影响。因此，学会自觉地调节和控制情绪，是心理保健的重要内容。我们在日常生活和学习中，无论做什么事都带有情感色彩：当考试取得好成绩时，会感到喜悦；失去珍贵的东西时，会感到惋惜；如果愿望一再受妨碍而达不到时，则会失望甚至愤怒；进人一个陌生的环境时，会感到局促不安甚或产生恐惧等。这些喜悦、悲哀、愤怒、恐惧等等情绪活动，都会引起身体一系列的生理变化。

据科学研究，积极健康的情绪，如愉快、欢乐、适度的紧张，对人体都有好处，它可以引起心脏输出量增加，促进血液循环，使人精神振作，大脑工作能力增强。而伤心、悲痛、愤怒、焦虑等消极情绪引起的生理变化，于人身体是不利的。如机体长期处于这些不良的情绪影响下，往往会引起多种疾病的发生，如高血压、胃溃疡，以及心理障碍等。因此，青少年应该懂得情绪在保护心理健康中所起的重要作用，并学会自我调节和控制情绪。

那么，怎样去调节和控制情绪呢？

一、要培养自己具有乐观的生活态度

无论遇到什么困难和挫折，都要以乐观、积极的态度去面对，相信问题总会有办法解决的，从而勇敢地面对现实，努力进取，永不失望，对前途充满信心和希望。持这样的乐观态度往往会产生积极情绪。

二、要适当地发泄积存在心中的不良情绪

比如，可以向知己倾诉自己的苦恼和忧伤等等。这样做，有助于消除心中的烦恼、压抑，从而达到心平气和。这种发泄对心理健康是有益的。

三、学会自我安慰

自我安慰法是指人在消极心态下找出各种理由，为自己的行为辩解，以使内心得以平衡、精神得以安慰、情绪得以转化的方法。常见的自我安慰方法有比较法和比拟法。当一个追求某项事情而得不到时，为了减少内心的失望，常为失败找一个冠冕堂皇的理由，用以安慰自己，就像狐狸吃不到葡萄就说葡萄酸的童话一样，因此，称作“酸葡萄心理”。

四、要保持适当的紧张和热情

紧张是一种情绪，它能维持和提高学习、工作效率。如考试时产生的紧张情绪，能使大脑功能达到最高效率状态；平时上课或做某件事，也需要保持适当的紧张。张弛调节适度，就会使生活更有节奏和情趣。

五、要善于理智控制自己

青少年的种种要求和愿望，都应符合社会道德和规范，否则就要用理智打消这种念头，不能苛求社会与他人满足自己的一切愿望。古人云：“人有悲观离合，月有阴晴圆缺。”确实，人生不如意的事常有之，历史上和现实中没有几件事是圆满的。世上不会有永远美好的事物，今天你身逆境，情绪不佳，但通过奋斗，你就可能获得成功，受人尊敬。这样做对维持心理平衡，培养健康情绪有好处。

六、提高认识和修养水平

平常，我们能看到，文化素质低的人，不善于控制自己，出口成“脏”。而一个修养高的人，他是无论如何不会去骂大街的。同时，他也善于控制自己的情绪，并自我调节。因此，提高自己的认识和修养水平，对保持愉快情绪，自我调节好情绪是很有帮助的。

怎样保持乐观情绪？

善于人际交往。良好的人际关系，本身就会使一个人乐观愉快。孤僻的人，不善交往的人，他们不快乐，因为他们缺乏与人的沟通，不能理解和信任别人，他们缺少友谊。当他们有苦恼时，没处诉说，于是只好憋在心里，从而就会感到不快乐。

一、多参加有益的娱乐活动

例如，多参加桥牌活动、沙龙、联谊会、庆祝会等，这会使自己的心情时常保持一种愉快状态，同时，它又是人的一种精神寄托，在这些活动中，可结交很多朋友，甚至会结交一些志同道合的朋友。通过参加这些活动，也能陶冶自己的情操，使自己遇烦事苦闷时，能转移心情和注意力。

二、学会爱别人，积极去帮助他人

有些自卑、孤僻的人，他们与乐观绝缘，因为他们时常处于一种封闭状态，他们不愿与别人交往，当然谈不上爱别人，去帮助别人。一个人若不愿与人交往，久而久之，别人也会越来越疏远你，这时，你就会孤独，就会感到不快乐。相反，你若时常主动去帮助他人，一方面能得到他人的感激和肯定，另一方面，也能体现自己的价值，别人也愿与你交往，这时，你就会感到自己是一个快乐的人。

三、对人要宽容

心理咨询时，我们常碰到这样一些来访者，他们说自己情绪总是不稳定，波动大，别人总喜欢与自己过不去，自己总在想办法对付这样的人。其实，在生活和人际交往中，难免会磕磕碰碰。遇到这样事，人要宽容，大事化小，小事化了。俗话说，你敬人一尺，人敬你一丈。对于你的宽容，大多数人是会接受，并与你同行。你若不能容忍，想办法对付和报复。这样，一报还一报，永远没完没了，你也不会感到快乐。因此，对人要宽容。

四、要正确、辩证地看待生活

生活充满了五颜六色，说的是生活满是酸、甜、苦、辣，既有甜蜜的部分，也有令人苦恼的部分。就是因为生活什么都有，所以才有意义。一般来说，生活完全是痛苦，这是人所不希望的，但生活全是幸福，这也是不现实的。名人、伟人、政治家有他辉煌、灿烂的一面，但他们也有他们的苦恼，甚至不幸。因此，面对生活，我们应该充满乐观，当幸福来临时，我们不可忘乎所以；当不幸降临时，我们应该坚强，笑对世界，笑对人生。

五、知足常乐

人生需要目标，既需要大目标——你的理想，也需要小目标——近日的工作和学习计划。你的目标不要定得太虚无缥渺，因为那难以实现，往往会导致你的失望，甚至悲观。你要知足，小事往往成就人的事业，很多劳模、英雄，他们并没有惊天动地的事迹，他们都是做很平凡的小事，然而，平凡孕育着不平凡，就是这些小事，才使他们获得了成功。在制定目标及实现过程中，人要知足而乐。

六、学会心理防卫

当自己烦恼时，可去想高兴的事，做高兴的事，这是移情的作用；当自己没有钱，物质上比不过人家时，你可以在事业上干出一番业绩来，从而得到满足，这是补偿作用等等。

怎样消除自卑心理？

心理学上把自卑归于性格方面的一个缺陷，属于一种人格障碍，它使人轻视自己，对个人能力和品质做出过低评价，在行为上失去进取信心，自认为无法赶上他人，严重的还可能形成厌进心理。被自卑所控制的人在竞争面前退避三舍，在追求目标方面丧失信心，在与人交往中缺乏勇气，这是一种消极的心理品质。心理不成熟的人要谨防走进自卑误区。

那么怎样消除自卑心理呢？

一、增加自信心

自信是消除自卑心理最根本的动力。不要害怕失败，因为失败是难免的，要想到“失败是成功之母”，应以积极的态度分析失败的原因，相信自己的能力和毅力，克服困难，向成功努力。

二、正确评价自己

多挖掘自己的长处，多发挥自己的长处，充分利用自身的优势，尽可能地多出成绩，这样就可以不断巩固和增强自信心。

三、以勤补拙

古人云：“勤能补拙是良训，一分辛苦一分才。”要通过刻苦学习，不断让自己体验到一些成功。通过学习上的进步，哪怕是点滴成绩，来使自己增强信心。从消除自卑角度来说，失败是成功之母固然有道理，而“成功是成功之母”对大家更为重要。因为不断取得成功的人才会更有信心与勇气去追求更大的成功。追求你自己的成功要量力而行。争取的目标要力所能及，步步向更高的目标攀登。

四、用“补偿法”保持心理平衡

自卑者平时要多以己之长比他人之短。遇到挫折时别泄气，不要想“我不行”，而应该有充分的自信：“我能行，我一定能行！”人不可能在各个方面都出类拔萃，也不可能总是常胜将军，有长有短，有胜有败。当自己在某一方面落后于别人时，要客观进行分析，看是否有条件和能力赶上去，如果有，就下功夫去拼搏；如果缺少这方面的“天分”就应接受这一事实，继续努力保持现有水平，争取提高，而不必自卑自怨。

没有好嗓音唱歌，但也许在体育活动中可夺标；没有美术特长，却也许有组织社交能力。

五、不必在意旁人的贬低

贬低别人的人往往是出于妒嫉心理或其他原因。要记住：只要你不承认自己有自卑感，谁也没有办法使你自卑。

怎样正确对待自恋？

自恋可以分为健康的自恋和不健康的自恋，那么，如何区分健康的自恋与不健康的自恋？

健康的自恋相信自己是可爱的，并认为这是不证自明的，不管别人评价如何。这样的人首先对自己有一种基本的信任，认为自己就是值得喜欢的，即使有人批评我，也肯定是关心爱护我；而不健康的自恋，则不相信自己是可爱的，总是需要通过别人的评价来证明。如果遇到批评，则一定会认为别人对自己不好，别人是在对我进行恶意攻击。

健康的自恋，能够区分自己的想象与现实的差别，在面对理想的同时，立足于现实。对世界、对他人的评价都比较符合实际，能够较宽容地对待自己和他人；而不健康的自恋者难以区分幻想与现实，凡事凭主观想象。他们要求现实一定要达到“绝对美好”的程度，沉醉于自己的幻想。对他人强求，要求别人一定要对自己好，却又不停地抱怨、感叹人心叵测、生不逢时，在讨好他人的同时，却不信任他人，甚至对他人充满深深的敌意。

健康自恋的人，能够区分自己与他人的不同。他们爱自己，也爱他人，尊重自己，也尊重他人，能够平等、友好地与他人相处，希望自己过得好，也愿意别人得到幸福；而不健康的自恋者，他们难以区分自己与他人，表面上看上去他们自尊心很强，而实际上，却是因为无法相信自己。他们往往以自我中心，并且到了不会为他人着想的地步，他们在夸奖别人的同时，总是要表明自己更优秀，甚至不惜贬低他人来标榜自己。

健康的自恋与不健康的自恋是两个相反的极端，更多的人是处在中间的某个位置，或者稍微更偏近健康的一端或不健康的一端。究其原因，我们需要真心实意爱自己。只有真诚地爱自己，才能真诚地爱他人和爱世界。

对于那些有不健康的自恋的人，我们有 3 条建议：

1. 尝试着把专注的目光从自己身上移开，去关注离自己最近的人。要欣赏而不是挑剔，连别人幼稚的或愚蠢的举动都是可以用来欣赏的：一个胖胖的人不允许别人提“胖”字，一个已经骨瘦如柴的人还在那里刻苦地减肥，决不允许自己的身上多出一磅肉，比威尼斯商人夏洛克还残忍，那是活生生发生在生活中的喜剧，作为一个欣赏者，你的心情会非常好。假如是挑剔，你就会拒绝外部世界的融入转回自恋状态。

2. 尝试做一个自我分析，最简单的办法就是列出自己的性格优势以及劣势，同时列出与自己的性格相关的真实事件。假如你的自我分析中只有优势只有成功，那肯定是自己在骗自己。通过自我分析，一个人甚至可以找到命运的曲线。性格决定命运，人站在命运之上，根据自己的经历产生的态度处理接下来的问题，命运也不过是这样的不同事件的连接。自恋的人会因此找回自己的真实。

3. 生活中的人应该在适当的时候为自己归零，让自己回归到零状态。你是一个高级职员，在你的职位上做出的业绩都写在了功劳簿上，可是你被提升成经理，在心态上就有必要归零。你会说我很优秀，也没有人不承认你优秀，你的优秀是蚂蚁的优秀，你战胜了诸多蚂蚁脱颖而出，你已经进化成大象，跟你站在同一起跑线上的也是大象。

生理卫生

女生喉结突出怎么办？

平时，常见一些比较瘦弱的少女，因其颈部的喉结比较突出，她们便疑虑重重，认为长喉结是男性特有的生理现象，担心长喉结会使自己向男性转化，影响今后的生活。要弄清这个问题，必须先了解一下喉结是怎样产生的。

喉结，指人咽喉部位的软骨突起，处在左右两块甲状软骨在正中的连接处。喉结对人体来说并没有什么实际功能。甲状软骨在人体上对喉腔起到保护作用，为什么叫甲状软骨呢？其一是因为它的形状类似盔甲，其二它对喉起到盔甲的保护作用，故此得名。至于男女喉结大小有别，那是因为内分泌激素水平的不同造成。

男性在青春期比女性更早发育喉结，男性的喉结一般比女性的更为突起。喉结突出，是男性的性征之一，经过青春发育期以后的男性，由于雄激素的作用，一般都会发生喉结不同程度地向前突出的现象。但是，也有少数女生也会出现喉结前突现象，这是什么原因呢？

人的喉咙由 11 块软骨作支架组成，其中最主要，体积最大的一块就是甲状软骨。胎儿在 2 个月时，喉软骨开始发育，直到出生后 5 ~ 6 年，每年仍在增长，但5~6岁到青春期这一时期内喉软骨生长基本停止。所以，童男童女的甲状软骨都一样。进入青春发育期以后，由于雄激素的分泌增多，这才使男于出现喉结。至于少女喉结突出的原因，大致有以下三种情况：

一、内分泌机能不足

谁都知道，女子体内占主导地位的性激素是雌激素，雄激素的含量极少。如果卵巢功能不全，或者脑垂体、肾上腺等内分泌腺出了问题，体内雄激素的含量就会增多，于是，便发生“喧宾夺主”的现象，出现了喉结突出、多毛和声音变粗等男性化的表现，与此同时，女性应有的一些特征却变化不明显。

二、遗传因素

上一代生长发育的特征会传给下一代，不但是身高、体形，甚至连眼的形状、鼻的长短、颧骨的高低、耳朵的大小、乳房的形态……都会遗传。当然，也包括喉结的大小。父亲喉结特别大而显眼者，养下的女儿有时候喉结也会突出些。

三、消瘦

女子的喉结虽然不如男性那样大而突出，但是，过分消瘦的女子，由于颈前部的脂肪和肌肉组织不发达，喉结也照样会显得向前突出。不过，有些青春期少女的甲状腺会出现一度生理性增大。这是因为新陈代谢比较旺盛，碘一度供应不足，造成生理性相对缺碘的缘故，以后会消失的。由于增大的甲状腺正好在喉结的下方，因此，常被误认为是喉结突出。

由此可见，少女长喉结，绝大多数是在发育过程中的一种表现。如果仅仅是喉结增大而无其他异常，更不是由内分泌因素引起的话，那就不必多虑，因为这不会影响性别和以后的发育。如果是由于内分泌失调引起的，就需给予针对性的治疗，而且是可以治愈的。还要查一查生殖系统是否长肿瘤，肾上腺皮质有无疾病。另外，极个别的少女体内还有男性睾丸体存在，医学上称两性畸形。这类患者既会影响性别，也会影响生育。喉结突出如果与颈部肌肉瘦弱有关，只要平时多注意营养，加强锻炼，不要盲目节食减肥，待肌肉丰腴后，就不会感到喉结突出了。

男生喉结不明显怎么办？

大部分男性在过了青春期后都会有喉结出现。那么喉结是如何发育及它的作用是什么呢？解释这两个问题首先我们来了解男性在发育过程中为什么会出现喉结。

我们知道，喉结的发育状况是与年龄、性别有关的。在青春期前，男女性的喉的发育状况差别不大，但至青春期，女性的喉仍无明显增大，而男性的喉则在雄激素的作用下迅速增大，位于颈部的甲状软骨向前方突出，使喉的前后径增加将近一倍，发声随之变为低沉的男性音。这就是喉结发育的生理过程。了解了这一过程，我们就能理解为什么青春期前，男女声发音没有明显的区别，即男童音与女童音非常近似，而青春期后，男性的喉前后径变大发出低沉的男性音，女性喉部前后径小发出尖细的女性音的原因。就像一些乐器，管径小的声音就尖细些，管径粗的声音就浑厚些，其道理是相通的。

那又为什么一些男性虽然有着男性音而喉结却不明显呢？有些学者为此做过临床调研，发现一部分喉结不明显的成年男性，其中有些是非常健壮的田径、体操运动员等，他们肌肉发达，男性性征也很正常。这些喉结不明显的男性中，绝大多数已结婚、正常生育，且无其他异常表现，内分泌检查也未见异常。

专家们通过对这些人的个人生活史的调查发现：这些男性中有些是从青春期前就一直从事大运动量的体育训练，有些则在刚开始发育时就有过频的手淫史，有这样的情况的占被调查者的很大比例，有学者认为这可能导致了在青春发育期雄激素的大量消耗而使甲状软骨未能充分向前突出，以致从外观看喉结并不那么明显。尽管前突不充分，但喉的前后径较青春期前的还是增大了，故声音同样是男性音。不过还有一些人是由于颈部较粗、肥胖或甲状软骨不是典型向前突而是向四周等量扩张，所以看起来喉结也不那么明显。

所幸的是在调查研究之后证实了一点，那就是喉结的明显与否，与睾丸及阴茎的发育没有必然的联系，一些男性虽然喉结不明显，但其睾丸及阴茎的发育相当好。所以，现在一些医学书刊上不再把喉结的突出与否作为判断男性第二性征发育是否正常的标准，有些解剖书上甚至已经不再提到喉结这个解剖术语了。当然，只有那些喉结不明显或不发育同时伴有内外生殖器发育不良及嗓音尖细的患者才有治疗的必要。

因此，我们可以说：只要内外生殖器发育良好，毛发分布及生长正常，声音为低沉的男性音，就是一个标准的男子汉。

怎样注意乳房保健？

乳房开始发育，是女孩进入青春期最早性征的表现，它是受体内雌激素的影响，乳腺逐渐发育。这时乳房内除了许多长形乳腺外，还积聚了不少脂肪，较硬的乳腺组织与较软的脂肪组织使乳房逐渐隆起，且富有弹性。

乳房的发育，从乳头开始突出到形成成年女性乳房的大小和形状，中间大约需要经过四五年，甚至更长一些时间。一般有了成熟的外形后，就不再增长了。所以，女孩乳房的增大是一种生理现象，也是女性体态健美的重要标志之一。

可是，有些女同学对自己身体的这种生理变化不理解，感到羞涩不安，于是就采取了束胸的办法，使用尺码过小的胸罩来限制乳房的正常发育，这将会使乳腺受到压迫，血液运行不畅，乳腺得不到充分的血液供应。长期束缚乳房，乳头渐渐凹陷，会给今后婴儿哺乳带来困难。但也有的女孩，想使自己乳房发育得更丰满些，擅自服用一些激素类的药物，这也是不对的，除了会使内分泌紊乱外，还有促使乳腺组织癌变的危险。

因此，正确的乳房保健应注意：

1. 女孩在初中阶段，一般不需要戴胸罩，让其自行发育。国外有人调查，14~15 岁开始戴胸罩的女孩，将来生育孩子以后，乳汁分泌少。

2. 女孩 17~18 岁时，乳房发育已基本完善，此时应戴胸罩。因胸罩有支托乳房的作用，能使乳腺负担均匀，防止乳房下垂。

3. 胸罩以舒适为原则。选购和佩戴胸罩一定要合体、舒适、以紧裹乳房不感压迫也不松弛为宜，使乳房在呈现优美外形的同时，还能得到很好的固定、支撑。可在胸罩上装松紧带，用以调节大小。

4. 胸罩的材料最好是吸水性强，透气性好的棉布一类柔软的织品。海绵、涤纶之类的胸罩易引起皮肤过敏，不宜采用。如果乳罩内需要装填塞物，亦可用棉花填塞。

5. 睡眠时摘掉胸罩。晚上睡觉时，应宽衣和摘掉胸罩入睡，这样可避免胸部持续受裹而发生多梦和梦魇，并有利于呼吸和血液循环。

6. 行端坐正，保持优美的体态，特别是不能含胸，应挺胸、抬头、收腹、直膝，使优美的乳房能骄傲地挺出，女性的风采充分展示。还要注意保护乳房，免受意外伤害，在拥挤的公共汽车上及逗弄小孩时尤其应该注意。

7. 乳房的发育与营养及体育锻炼等多种因素有关，在乳房发育期，应有充足的营养，多吃含蛋白质、脂肪等动物性食品及新鲜蔬菜水果，保持乳房部的肌肉强健，脂肪饱满。另外，还要加强胸部锻炼，使乳房发育健美。

8. 定期对乳房实施自我检查，定期到专科医生处做乳房部的体格检查，有必要时还可定期做乳腺 X 线摄片。在自我感觉不适或检查发现问题时，应及时就诊，以早期诊断、早期治疗各种乳房疾病。

女孩乳房过大怎么办？

人家都说乳房过小的女孩有烦恼，但现在很多乳房过大的女孩因为感到害羞、难为情而不敢出门，因为一上街总感觉有人盯着她们的胸部看。还有的女孩听说乳房大的女孩不正经。

女孩乳房发育得大或小并不以人们的意愿为转移，它是由种族、遗传等多方面先天因素所决定的。一般来说，欧美的女孩乳房发育较大。我国南北方女孩相比，乳房发育也有明显的差异，如南方女孩的乳房发育不如北方女孩的乳房大。不论乳房发育得大或小，女性在青春期时的乳房却是一定会发生变化的，只是丰满与不丰满的差异而已。把乳房发育过大或过小当作负担或包袱是不必要的，还有那种把乳房大当作是不贞洁的看法是不科学的。

有必要提出的是，在月经初潮来临的前一段时间，有的女孩会出现暂时性乳房肥大，并伴有不同程度的乳房胀痛。当月经来了以后，这种暂时性肥大现象就会逐渐消失，恢复正常。也有个别女孩青春期乳房明显肥大，多为双侧，肥大乳房甚至接近垂至腹部。这类女孩月经周期和内分泌功能都正常，病因是乳腺组织对雌激素过于敏感。也有认为，乳房过大是由于乳腺发育过度，内分泌过于旺盛，脂肪贮存量太多，形成堆积的缘故。

因此，女孩乳房过大，需要进行充分的全面体育锻炼，以减少全身的脂肪。同时，还要多做胸肌群的力量练习，以消耗胸部多余的脂肪。除了做俯卧撑等增强胸肌群力量的练习外，还应做以下徒手操：

1. 臂慢上举，由前至上举，由前慢下落，每次做20~30次（或尽力做，不限制）。要求上体直，臂直，肩自然，有上提胸肌群的感觉。

2. 两肘侧曲于肩侧，缓慢地由前、向上、向后、向下绕环，做8~10次后，再向相反方向绕环。要求上体和头正直。

3. 两臂曲肘放于胸前，右手尽量慢上推，右足起踵，右手、右踵下落还原，左手上推，左足起踵，左右轮流慢上推，共做20~30次（或不限制，直到胸臂肌肉发酸为止）。在做完以上徒手操后，必须做全身放松练习。

最后，乳房大对身体并无任何不良影响，但其心理影响却不可忽视，关键是要正确对待，认识到乳房大并不能反映一个人的思想品德和意识，任凭别人去议论去说。只需自己十分坦然，十分自信，这种心理负担自然会消失得无影无踪，何况真正的乳房过大是极为少见的呢！

月经初潮怎么办？

女孩子发育到一定年龄，大概在11~13岁，由于卵巢功能的作用，使子宫内膜每月一次发生脱落而形成阴道出血的现象，叫做月经。第一次来月经叫做“初潮”。月经的来潮，是女性青春期来临的信号，也是生殖器官发育即将成熟的标志。初次来的月经经血量或多或少，经血颜色发暗、略粘。有的可能夹杂些碎屑薄片，但没有血块，这些都是正常现象。

初来月经者，由于卵巢机能尚未健全，月经周期也可能不太规律，许多人在一两年内不太稳定，这都不必紧张，待卵巢发育成熟后，大多数人都会正常的，月经是女性特有的一种正常生理现象，并不是什么

"丑事"。因此，女同学如发现自己第一次来月经，不要为此而恐惧或难为情。

对于初潮少女自身而言，面临月经初次来临，心理上会出现紧张、害怕、羞涩、好奇等复杂的情绪；身体方面会呈现腹胀、腹痛、腰酸、乏力、嗜睡、疲劳、颜面浮肿等不适；再加上学习紧张，抵抗力和适应力都会有不同程度的减退。所以，对初潮少女加强健康指导非常重要。

1. 初潮少女应了解有关青春期生理，性心理知识，懂得月经初潮是身体发育的必然，是进入青春期的标志，没有必要忧心忡忡。同时，对月经初潮时并发的腰酸、嗜睡、疲劳、乏力等不适做好充分的心理准备，避免惊惶失措，加重心理负担。

2. 初潮时应避免参与剧烈体育运动，长距离骑车和跑步等，以免过度疲劳导致抵抗力下降，诱发感冒等疾病。

3. 要防止感染。便后用纸从前向后擦拭，以防粪便中细菌侵入阴道和尿道，经期用纸须清洁，每天温水洗外阴或用淋浴，避免手淫，因为在此阶段机体抵抗力下降，如果不注意清洁卫生，则极易引起细菌感染和发烧。

4. 加强自我防护，千万不可为了贪便宜而使用劣质卫生巾，更不能用消毒不严格的普通卫生纸和草纸来代替。

5. 注意休息，保证充足的睡眠时间。食用营养丰富、易于消化吸收的饭菜，这对增强体质，恢复精力大有裨益；不可过于疲劳，少食辛辣，保持大便通畅。

6. 尽量避免情绪激动。过度的情绪波动不仅会影响月经的正常来潮，加重月经期间的不适感，而且还会因一点小磨擦和别人发生不快。

7. 要防寒，避免接触冷水，注意保暖，最好不参加游泳等。

出现痛经怎么办？

健康女子月经来潮时，只有轻微的腰酸腰痛，下腹有胀坠感，并无其它不适，也不影响正常学习和工作。如果经期或行经前后，下腹出现阵阵绞痛，或伴有恶心、呕吐、腹泻、头痛、四肢厥冷、面色苍白，甚至虚脱等全身症状，便是痛经。

痛经分为功能性和器质性两种。功能性痛经也叫原发性痛经，指盆腔内不伴有器质性病变，多发生于少女月经初潮后1~2年内。器质性痛经也叫继发性痛经，是因盆腔内器官病变所致，如子宫内膜异位症、盆腔炎、肿瘤等。

病因引起痛经的因素很多，常见的有以下几种：

1. 子宫颈管狭窄：主要是月经外流受阻，引起痛经。

2. 子宫发育不良：子宫发育不佳容易合并血液供应异常，造成子宫缺血、缺氧而引起痛经。

3. 子宫位置异常：若妇女子宫位置极度后屈或前屈，可影响经血通畅而致痛经。

4. 精神、神经因素：部分妇女对疼痛过分敏感。

5. 遗传因素：女儿发生痛经与母亲痛经有一定的关系。

6. 内分泌因素：月经期腹痛与黄体期孕酮升高有关。

7. 子宫内膜以及月经血中前列腺素（PG）含量升高：前列腺素E2（PGE2）可作用于子宫肌纤维使之收缩引起痛经。痛经患者子宫内膜组织中前列腺素含量比正常妇女明显升高。

8. 子宫的过度收缩：虽然痛经患者子宫收缩压力与正常妇女基本相同（正常者压力约为4.9Kpa），但子宫收缩持续时间较长，且往往不易完全放松，故发生因子宫过度收缩所致的痛经。

9. 子宫不正常收缩：痛经患者常有子宫不正常收缩，因此往往导致子宫平滑肌缺血，子宫肌肉的缺血又可引起子宫肌肉的痉挛性收缩，从而产生疼痛而出现痛经。

10. 少女初潮，心理压力大、久坐导致气血循环变差、经血运行不畅、爱吃冷饮及梨等生冷食物造成痛经。

11. 经期剧烈运动、受寒冷或衣着过少而受凉导致气血凝滞，均易引发痛经。

12. 空气不好：受某些工业或化学性质气味刺激，比如汽油、香蕉水等造成痛经。

痛经怎么办？如何去护理？方法如下：

1. 注意并讲究经期卫生，经前期及经期少吃生冷和辛辣等刺激性强的食物。此外，痛经者无论在经前或经后，都应保持大便通畅。尽可能多吃些蜂蜜、香蕉、芹菜、白薯等。

2. 消除对月经的紧张、恐惧心理，解除思想顾虑，尽量控制剧烈的情绪波动，避免强烈的精神刺激，保持心情愉快。可以适当参加劳动和运动，但要注意休息。经期应注意保暖，忌寒凉生冷刺激，防止寒邪侵袭。

3. 平时要加强体育锻炼，尤其是体质虚弱者。还应注意改善营养状态，并要积极治疗慢性疾病。

4. 疼痛发作时可对症处理，口服去痛片，也可服用阿托品片、颠茄片及安定片，都可缓解疼痛。另外，可喝些热的红糖姜水或采取艾灸三阴交、合谷、子宫等穴位，也会收到良好的效果。

5. 经上述处理，如效果不甚明显，应请妇科医生进一步检查病因，施行药物或手术治疗。

月经不调怎么办？

月经是子宫内膜受卵巢激素变化而引起的周期性出血。卵巢有规则的产生一月一次的排卵，有赖于卵巢本身的健康及控制卵巢排卵活动的神经系统的参与，还有性腺轴、垂体、丘脑各部分的正常运转。因此，子宫内膜及性腺轴各部分出了问题，都会导致月经的不正常。那么，是否所有的月经异常都需要治疗干预呢？

一般说来初次行经之后的二三年之内，月经不规则是不需多加干涉的。因为青少年女性的卵巢从第一次排卵到功能完善常需要一个过程，许多女孩开始行经的头一二年月经不规则，后来才一月一次慢慢规则起来，正是这个道理。但如果初潮之后二三年月经还是不规则，尤其是那些体型过胖或过瘦的，不用药就不来月经的女孩，或者是月经频发长期月经淋漓不净的女孩，往往伴有内分泌方面的疾病和出血导致的慢性贫血，应该及时就医治疗。

那么有些女同学一向正常的月经突然改变了规律，又是为什么呢？

一般说来，处在高考这种特殊生活事件的背景下，看不见摸不着的学习压力和精神紧张是主要的原因。治疗也首先应从这方面着手，自己一定要适当地放松心情，保持情绪的平和，学习再忙也要安排一定的时间户外活动或郊游，去放松放松；避免经常开夜车，保持充足的睡眠，以免影响生理节律及内分泌协调性；还要适当地增加锻炼，增强自己的体质。同时要注意在这个特殊阶段安排合理的营养饮食，这些一般的措施都注意了，那么辅助些药物治疗也是可以的。

发生遗精怎么办？

遗精或泄精一般指在无性行为状态下发生的一种射精现象，在青春发育至结婚前的男性青年中相当普遍，约85%的男性都有这种现象。这是因为随着男性性器官的发育成熟，睾丸不断产生出精子与前列腺和精囊等分泌的精浆组成精液，达到一定量后就以遗精的方式排出体外。这与民间所说“满则溢”是同一道理。

男孩子首次遗精年龄多为14～16岁。首次遗精时间最多的是夏季，初期的精液里没有成熟的精子。有不少青少年同学常为出现遗精而担心，他们受传统观念的影响，把精液看作“元气”，是人体的精华。认为“一滴精，十滴血”。还有的认为自己尚未结婚，应是“元阳不泄”阶段，遗精把“元阳”泄了，身体亏空了等等。其实一次遗精排出的精液总共才3～5毫升，主要成份是水、少量蛋白质、脂肪、糖类等。这些营养物质对一个人来说是微乎其微的，根本不存在“元气”、“元阳”之类的问题。因此，正常的青春期男孩每月遗精1～2次，甚至更多一些，不是什么异常现象，不必烦恼。

精液从无到有，由少到多，逐步积累，这是初次泄精的物质基础。而它的一触即发，主要决定于以下2个因素：

1. 性心理活动。青春期是性心理活动最为活跃的时期，在这个时期的孩子会对异性表现出浓厚的兴趣，思想很容易集中于性的问题。有时出现意淫，即通过虚幻的想象获得意念上满足，他们想象与某个异性接触，这往往容易诱发第一次梦遗。有时干脆出现手淫，用手刺激性器官，模拟性活动，以产生性高潮而导致第一次泄精。据上述提到的那份600名青年学生的调查材料表明，初次泄精为梦遗者401人（66.8%）；为手淫者199人（33.2%）。

2. 反射性刺激初次泄精与以后每次射精一样，都是一系列复杂神经反射活动的结果。这个反射活动最后造成睾丸内的输出小管，如附睾、输精管、精囊、射精管、前列腺、尿道等，一古脑儿有节律地强烈收缩，将精液喷射而出。有两种情况最容易触发这种神经反射活动的发生：一是精液数量增多。精液生成后积少成多，最后由多至满，第一次的“满则溢”就此发生。这是精液的充盈和饱满性刺激，造成初次泄精。二是性器官的充血。穿着紧身裤、临睡前的热水洗脚、睡觉时下半身盖得太暖等情况，可以造成性器官广泛而持久充血。

另外，泌尿生殖器官存在炎症，例如包皮炎、龟头炎、尿道炎、前列腺炎、膀胱炎等，也可酿成性器官充血。这种充血性的刺激，可以反射性诱发初次泄精。最近还有学者认为，在性器官充血状况下，一种叫做前列腺素的物质会增多，这种物质可以刺激性器官发生射精收缩活动。

由此不难看出，初次泄精实际上是围绕着性器官发育和性刺激活动展开的，是一种极为正常的生理活动。青春期的少男们，不必为此惆怅和迷惘，而应该坦然面对这个问题，放松心情，并且注意卫生就可以了。

当然，有些男孩子遗精太频繁，1～2 天一次或一天数次，就可能有些问题，需请医生检查，找出遗精过频的主要原因，进行针对性的治疗。

阴茎总是勃起怎么办？

男性到青春期，生殖器官发育迅速，性激素也大量分泌，稍有性冲动就容易发生勃起。性冲动是通过两种途径诱发阴茎勃起的：

一种是由视、听、嗅、味、触觉及大脑的思维所引起，如看到描写爱情的图画和文字，听到会激发性欲的言语，接触到异性的皮肤，或者脑子里想到有关性的问题，都会通过大脑支配脊髓中的勃起中枢发生阴茎勃起，称为精神性勃起。

另一种是由阴茎局部受到各种刺激所引起，它是通过交感神经及副交感神经，使阴茎海绵体充血而勃起，称为反射性勃起。有些青年在青春期，阴茎很容易勃起，这本是一种自然现象。因为那时雄激素刚开始增多，身体对性的刺激比较敏感，反射也比较迅速。过了一个阶段，逐渐适应了体内激素的影响就会趋向稳定。

但是个别青年勃起过于频繁，甚至影响学习或工作，分析其原因大致有下列几方面：

1. 过多地阅读和关心有关爱情和婚姻的书籍或文章中的片断，使性中枢神经处于兴奋状态，稍有刺激就容易发生勃起。

2. 思想上过多地考虑性的问题，并把自己的注意力集中于生殖器官，本来很微弱的刺激也会发生勃起。

3. 穿的裤子过紧或盖的被褥过重使阴茎经常受到裤子和被褥的刺激。

4. 手淫过多，使性器官经常处于充血兴奋状态。

5. 内在的疾病或炎症，如患慢性前列腺炎或尿道炎时，炎症对神经末梢产生经常的刺激，也可以发生勃起。

6. 包皮过长外口过小所构成的包茎，也常是自动勃起的原因，尤其是因为包皮垢的积聚而造成包茎炎或龟头炎时更易发生。

至于睡眠中发生的反复勃起则是属于生理现象，医学上称为夜间勃起，表明性功能正常，不能误认为是异常现象。这是因为睡眠时大脑皮层处于抑制状态，失去了对低级性中枢的控制，因而勃起的神经中枢就会兴奋性增强而使阴茎勃起，这种现象在晨起前膀胱中尿液充盈时更为明显。

要防止阴茎勃起过频，首要的是要养成规律的生活习惯，早睡早起，经常参加体育锻炼，少吃刺激性食物，避免过量饮酒、茶和咖啡。其次是不看色情书籍，不讲下流污秽言语，不胡思乱想，把思想集中于工作或学习上。过于严重时可用些镇静药物，降低性兴奋，如安定片每天3次，每次2.5毫克。对于一些确实性欲极度旺盛致无法控制勃起或手淫者，可用雌激素或抗雄激素以抑制性欲，但因容易产生副作用，必须在医生指导下使用。

染上手淫习惯怎么办？

手淫，是青少年男女中较多的一种自慰性行为。随着青春期的到来，性冲动也开始发生。青年人满足性冲动的常见方式是手淫。手淫就是在性冲动时自己用手或其他物品磨擦、玩弄生殖器官，以引起性快感、满足性欲或射精的行为。手淫是没有异性参与的、释放性紧张的一种性行为。男性曾有过手淫者的比例较高，约占90%左右。女性曾有过手淫史的也有约50%。因此，手淫是一种很普遍的行为。男女都可能发生手淫行为，但女性手淫者由于羞耻心大多不愿意承认或就医，故医院里很少有女性因手淫过度致病而来求医。

手淫作为一种获得性快感的手段，可以降低性紧张。国外一些学者认为手淫可以减少性冲动导致的攻击或犯罪行为，保持心理平衡。而且，手淫是很普遍的行为，偶尔有几次手淫对身体健康不会有什么危害，不会影响婚后性生活达到高潮和高度快感，不值得大惊小怪；但是，过于频繁的手淫犹如纵欲过度一样，会导致某些神经衰弱的症状，如头晕、注意力不易集中、记忆衰退、思维迟钝。长期过度的手淫（每周四五次，甚至每天一次）还可能影响正常的性功能，使男子在正常婚姻性生活中出现某种程度的阳痿或早泄，女性则可能由于盆腔长时间充血而导致盆腔炎等疾病。还应该说明的是，如果有的同学在手淫时用力过度，有可能造成生殖器官损伤。另外，如果手不清洁，那么在手淫时，很有可能将细菌带入生殖器官内，导致生殖器官的疾病。

手淫本身对身体危害并不大，其最大危害在于手淫在心理上引起的挫折与焦虑反应。传统的观念认为，精液流失会“耗精伤髓”，“大伤元气”；手淫不仅会引起各种疾病，结婚后还会导致不能进行正常性交，不能正常生育；甚至戒除手淫后将来也无法进行正常性生活。这种观念广为传播，造成巨大的社会舆论压力。家长、教师以至一些医生、报刊都大讲手淫的不道德、可恶和危害，称手淫为“不道德的”、“见不得人的”、“恶习”、“变态”等等，从而对青年产生极大的心理压力，使一些有手淫行为的青年处于高度惊恐、紧张与疑虑之中，对自己的行为感到憎恶，感受到道德的谴责；由于多次决心要改掉却又一再重犯，更加重失望、自弃和恐惧情绪。持续的消极心理压力必然对青年的身心健康造成严重破坏和干扰。一些男青年在婚后性生活中出现阳痿或早泄，往往是由于过分相信关于手淫危害的不正确传闻，在性交时自我暗示所致。手淫一般不需治疗，若有长期过度手淫史，并有明显心身症状的时候才需治疗。治疗内容包括：

1. 正确认识性生理与性心理，了解手淫对身心的影响，消除对手淫的过度恐惧与焦虑。

2. 减少性刺激。少接触有色情或性内容的书刊、影视作品，交往时多谈别的话题，少谈与性有关的内容。

3. 保持生活期律，按时作息，不要“赖”床，减少在床上发生性冲动的机会。

4. 按照渐进原则，逐步减少手淫次数。用理智和意志控制自己的性冲动，循序渐进。已经减少的次数作为一种成功，会强化自己的意志，提高控制手淫的自信心。

试图一下子完全戒除手淫，因目标太高反而不容易成功。对过度手淫的心理治疗通常有催眠疗法和厌恶疗法。进行催眠治疗时首先要消除对手淫的担心与焦虑，然后心理医生再针对各种症状予以催眠暗示：“当你躺到床上时，你会很快沉静下来，迅速入睡，而且睡得很深、很香。通过催眠治疗，你今后不会再犯手淫，也不会再想要手淫了。你睡熟了，手淫的习惯也彻底好转了。随着你的手淫习惯的停止，你不会再头晕，记忆力也好转了，你已经完全恢复健康了。”除医生催眠外，自我催眠也可达到放松、入睡和治疗手淫的效果。

厌恶疗法治疗手淫可采用橡皮圈厌恶疗法形式进行。也就是在手腕套上橡皮圈，一感到有性冲动就拉橡皮圈弹打自己，疼痛的感觉会压抑性冲动。然而马上去干别的事情，以转移对性冲动的注意力。自己默记每次性冲动要拉多少次橡皮圈才能抑制性冲动，经过反复治疗，拉橡皮圈的次数会逐渐减少，直至戒除手淫。

常产生性冲动怎么办？

有的中学生朋友反映，他们常常会出现强烈的性欲望，渴望着和异性在肉体上进行接触，以致会产生一种强烈的性冲动。这种事既不敢同别人讲，又觉得难以克服，因而感到很苦恼。

性冲动是随生理的发育，性功能的日趋成熟，性意识的产生而产生的。男女从青春期开始，都会产生性冲动，只是引起的原因有所不同。男性的性冲动容易被视觉刺激所引起，如女性形象，或裸体的艺术品、图片等；女性的性冲动虽然也能被各种带有“性”色彩的视觉形象所激起，但她们的性冲动更易被触觉和听觉刺激所引起。

如前所述，性冲动是青少年青春期身心发展的结果，是正常的生理心理现象，但是，这并不意味着可以随心所欲地满足自己的性冲动。因为性，既是个人的，也带有社会的层面，还有道德法律的层面。即个人的性行为，还要受到诸多方面的约束。因此，青少年必须学会用理智驾驭自己的行为。

如何认识与处理好这种时常会产生的性欲望与性冲动呢？

1. 要对性欲望与性冲动这一现象有科学的认识。要懂得，出现性欲望，产生性冲动，是十分正常的事。这是每一个健康的人都不可避免会产生的现象，对于一个正处在身体发育高峰期间的青少年男女来讲，更是一种极为自然的事。因此，既不要为此烦恼，也要懂得这是可以用理智去控制的。

2. 要懂得过分地出现性欲望和性冲动，会给人带来学习分心、精神不振等各种不良后果，严重者会使人染上手淫习惯，甚至导致极少数人干出违法犯罪的事。因此，我们必须注意以理智去控制性欲望，遏制或减少性的冲动。思想上不要把注意力放在这些方面，每当出现性欲望时，可以看看小说、电视、读读报纸，或找朋友闲谈、打球，通过各种有益活动转移注意力，使性欲望和性冲动减弱直至消失。

3. 要培养良好的生活习惯，从生理上克制性冲动。如养成严格的作息习惯，每天按时睡觉，按时起床；上床后不胡思乱想，尽快入睡；注意外生殖器的清洁，避免不洁之物刺激生殖器官；内衣裤要宽松，睡觉的姿势要放松，不要采用俯卧姿势，以避免对外生殖器的压迫和摩擦，引起冲动。

4. 尽量不看充满性感的照片、图片，少看有关性关系描写的文学作品，尤其是自觉抵制那些充满赤裸裸的性挑逗内容的低级下流的小说、录像等；不与别人交谈有关性内容的话题，特别是不与异性同学谈论性内容的话题，与异性同学在一起时，注意自尊自重、友好相处，不想入非非。

5. 在日常生活中，可以广泛和异性交往，以消除对异性的神秘感和好奇心，多参加集体活动和体育锻炼，这样，自己会感到心情非常舒畅，内心非常坦然。通过这样有意识的“脱敏”训练，可以减少性冲动的次数。

此外，树立生活和奋斗的目标对每一个青少年都十分重要。实践证明，一个有理想和目标的人，较少受到自身欲望和外界的干扰，他会把精力放到自己感兴趣的事情上，这样他的兴奋点就始终在自己专注的学习和工作上，比较容易克制内心产生的冲动。

如果强烈的性欲望和性冲动频频出现，无法遏制，而且越来越严重的话，也可以去医院看看，了解自己是否属于病态和性欲亢进，如果属于这种现象，就应及时加以治疗了。

其他健康常识

总是打嗝怎么办?

打嗝是一个生理上常见的现象，是因为横隔膜痉挛收缩而引起的。其实横隔膜不是分隔胸腔和腹腔的一块膜，而是一大块肌肉。它每次平稳地收缩，我们的肺部便吸入一口气；由于它是由脑部呼吸中枢控制，横隔膜的肌肉会有规律地活动，我们的呼吸是可以完全自主运作的，我们也不需要时常记着怎样呼吸。打嗝时，横隔肌不由自主地收缩，空气被迅速吸进肺内，两条声带之中的裂隙骤然收窄，因而引起奇怪的声响。我们并不清楚横膈肌为什么会失控地自行收缩。虽然大部分打嗝现象都是短暂性的，但也有些人持续地打嗝。

打嗝常常是由于饮食过饱后引起的。引起打嗝的原因有多种，包括胃、食管功能或器质性改变。也有外界物质，生化、物理刺激引起，比如：进入胃内的空气过多而自口腔溢出，精神、神经因素（如迷走神经兴奋、幽门痉挛）、饮食习惯不良（如进食、饮水过急）、吞咽动作过多（如口涎过多或过少时）等，而胃肠神经官能症、胃肠道慢性疾病引起胃蠕动减弱所致时则发病率频繁且治疗时不易改善。

发生打嗝时不要心焦气躁，若因过饱过急饮食造成者，数分钟内可

自动缓解，因慢性病导致者在解痉、加强胃动力治疗后也无大碍。不过不要在打嗝时服冷饮，也不要做剧烈运动。生活中，打嗝是件让人难受且尴尬的事，总是一打起来就没完没了。由于打嗝很常见，所以人们早就想出了很多办法来对付它了。

1. 直接屏住呼吸30～45秒，或取一根干净的筷子放入口中，轻轻刺激上腭后1/3处，打嗝症状会立即停止，这叫屏气法。在进食时发生打嗝可以暂停进食，作几次深呼吸，往往在短时内能止住。

2. 你还可以试试喝水弯腰法，也就是喝几口温开水，慢慢咽下，并做90度的弯腰动作10～15次，也很有效的。

3. 有时趁患者不注意猛拍一下患者的后背，也能止嗝。另外，嚼生姜片，喝生韭菜汁也有不错的效果。

4. 打嗝频繁时，可自己或请旁人用手指压迫两侧的“少商”穴。“少商”穴位于大拇指甲根部桡侧面，距指甲缘约0.6公分，在黑白肉际交界处。压迫时要用一定的力量，使患者有明显酸痛感。患者自行压迫可两手交替进行。

5. 按摩有效治打嗝。取一根细棒，一端裹上棉花（发手边无棒，可用竹筷的细端包上棉花代替），放入患者口中，用其软端按端前软颚正中线一点，此点的位置正好在硬、软颚交界处稍后面。一般按摩一分钟就能有效地控制呃逆。

突然岔气怎么办？

“岔气”又称急性胸肋痛，属于内伤范畴，是指气血、脏腑、经络受伤所致，其临床表现以胸部闷胀作痛，痛无定处，疼痛面积较大，尤其是在呼吸，咳嗽以及转侧活动时，因牵制胸部而痛或窜痛，并有呼吸急促，烦闷不安，胸背部牵引作痛。一般外无红肿、压痛等客观体征。由于该病多发病于胸肋部，又称胸肋迸伤或胸肋内伤。

造成“岔气”的原因多以举重、推车、跳跃、攀高、挑抬或搬运重物时，用力过度或不当或突然迸气受伤，使气聚结于胸内，不得消散，而出现疼痛、胀满；或在剧烈活动之前，准备活动不够或未做准备活动。剧烈活动时肌肉进入紧张状态，而内脏器官惰性大，不能马上活动起来，以满足肌肉活动时所需要的养料和氧气，使呼吸肌紧张而痉挛；或是在身体活动需氧量加大时，呼吸不得法，只是加快呼吸频率而呼吸表浅，也能引起呼吸肌的紧张导致痉挛。长期没有参加体育活动或天气过冷，以及大量出汗引起的体内氯化钠含量过低，也能引起“岔气”。

“岔气”时，呼吸肌痉挛，刺激呼吸肌里的感受器，而产生疼痛。人体最主要的呼吸肌是肋间肌和膈肌，当肋间肌痉挛时，胸部两侧就会发痛。当膈肌痉挛时，疼痛就会发生在左右肋下。制止和预防“岔气”的方法是：

1. 改变表浅呼吸，加深呼吸，呼气慢而深，用力向外呼气，这样可以吸进大量空气，满足运动时氧的需要，使呼吸肌放松下来，消除疼痛。

2. 调整呼吸节奏，把呼吸节奏与跑步频率配合起来，做到二步一呼一吸或三步一呼一吸。其他的活动也是一样。

3. 若用以上办法疼痛还不能消除，可作深呼吸憋气，用力叩打胸腔两侧或肋下疼痛处，然后作缓慢深长呼吸气，重复几次可使呼吸肌逐渐放松，痉挛缓解。

4. 剧烈活动之前，做好准备活动，使呼吸肌逐渐适应较快频率的收缩，不致引起痉挛。

5. 冬天锻炼尽量用鼻子呼吸，若用口呼吸时，要半张口，让冷空气从牙缝中进入口腔，防止冷空气过分刺激。

6. 按摩疗法治疗岔气有较好的疗效，在临床上常运用按、摩、揉、滚、点、擦、搓于胸部。令患者仰卧或侧卧位，术者站在患者右侧，用按揉或一指禅，或滚法施法于背部膀胱经。再点按天宗、大抒、章门、云门等穴。再令患者坐于凳子上，术者站在患者背后，用双手掌面沿肋骨走向擦搓。在擦搓前先涂冬青膏，以增加疗效和预防擦搓时损伤皮肤。

经过以上治疗，可宣通胸肋之气机失调，气血同流、症状自消。一般“岔气”消除后，还可以继续进行体育活动，对身体没有什么损害及影响。

吃东西噎住怎么办？

有的同学吃东西时狼吞虎咽、慌里慌张，或吃东西时精神不集中，说笑打闹，这样是很容易噎住的。人到底为什么会噎住呢？吃下的食物经过咀嚼以后，被舌头推送到咽部。这里连接着口腔、鼻腔、喉腔和食道，只有把通往鼻腔和喉腔的通道大门关上，食物才能顺利地进入食道。怎么关门呢？在我们的喉部有一块会厌软骨，就像一扇门，在往下咽的时候这块软骨会抬高，同时咽喉的后壁向前突出，这样就关上了鼻咽的通道，食物不会吃到鼻腔里去。

大家都知道，如果不小心把食物吞进气管里，就会呛得很难受。平时呼吸的时候，会厌软骨在这个位置，喉咙通畅，往下咽东西的时候，声带往里收，喉头升高，往前紧贴住会厌软骨，这就封住了咽喉的通道，食物就不会进入气管了。如果边吃饭边说说笑笑，会厌软骨来不及盖住喉咙的入口，就可能有饭粒漏进气管，引起人剧烈的咳嗽。所以说如果噎住了，拍后背或者跳一跳的办法都是想把食物往下震，可是就算能震下去，食物也不会掉进胃里，而是顺着气管往下走，这是很危险的。

如果噎住了但还能说话，说明食物在食管里，轻微的状况下可喝点儿水冲一冲，也许就可以解决。但也要注意噎住自己的是什么食物。如果是糯米团这类黏性大的东西，水会堵住余下的空隙，加重窒息。如果是花生豆这类的干果卡住了喉咙，也不应该喝水，因为干果遇水会膨胀，卡得就更严实了。如果食物已进入气管，问题就更严重了，立即求助医生是最重要的，否则有可能引起呼吸困难、窒息，甚至危及生命。

那么，如果旁边的人吃东西噎住了，到底要怎样帮助他呢？给大家一个操作简单的急救方法：在人的两肺下端残留着一部分气体，如果突然挤压一下腹部，增大了腹内压力，可以抬高膈肌，然后推挤胸腔，肺内残留气体的压力迅速加大，形成一股强气流，顺着气管冲向喉头，同时把阻塞住气管的食物挤了出去。这就是美国学者海姆里斯发明的急救法，操作简单，人人都能掌握。

当患者突然发生呼吸道异物导致窒息时，立即使其弯腰前倾，救助者立于患者背后，两手合拢抱住患者，其中一手握拳，在患者上腹部用力猛地向上提，借助胃泡内及肺内残留气体被挤出时产生的推力和患者上半部躯体倒悬时产生的对异物的重力，将气管内或卡在会厌部位的异物推出。连续 6 到 10 次就差不多了，要小心别伤着肋骨。

一个人的时候也可以采取自救，具体的方法是：站直了，抬起下巴，使气管变直。把心窝挤靠在东西上，可以是椅子背的顶端，或者是桌子的边缘，然后对着胸腔上方突然猛捶，噎住的食物就能咳出来了。

如果上述方法无法达到效果，那么要立刻将病人送往医院，请医生医治。总之，要想避免吃东西噎住的情况发生，最好在吃东西的时候，不要着急，要保持平和的状态，不打闹、不说笑，更不要往嘴里塞过多的食物。

异物进入眼睛怎么办？

俗话说“眼里不容一粒沙”，眼睛里一旦进入异物，很是难受。行路中遇有刮风时，经常会有些细物吹入眼里，例如灰尖、砂粒、煤屑、碎玻璃、谷皮、飞虫以及铅笔木屑等，这些东西可以统称为异物，有的嵌在白眼球上，叫结膜异物，有的则嵌在黑眼球上，叫角膜异物。

眼睛的角膜（黑眼球）感觉十分敏感，当异物进入眼时，立刻引起疼痛、流泪、睁不开眼。这时千万不要揉眼，因揉眼有时会擦伤角膜，甚至会将异物嵌在角膜内不易脱落，以致加重损伤，影响视力。又因手脏，可能将细菌带入眼内会引起发炎。切忌用指甲、火柴梗、铁丝等胡乱挑剔，以免造成更大的损伤和将病菌带入引起发炎。

当异物进入眼时的正确做法：

1. 应轻轻闭眼一会，不要转动眼球，或用手轻提上眼皮，一般附在表面的异物可随眼泪自行排出。

2. 若异物不能自行排出，仍有磨痛，异物可能在上眼皮里面的睑结膜上，可把眼皮翻过来找到异物，用湿棉棒或干净手绢轻轻擦掉，也可以用清洁的水冲洗，磨痛立刻消失；如果冲不出，可以求助周围的人帮你吹一下，具体做法是，对方用食指和拇指捏住你眼皮的外缘，轻轻向外推翻，找到异物，用嘴轻轻吹出。另外，磁性异物可用电磁铁吸出。

3. 酸碱腐蚀性物质如氨水、生石灰（水）、盐酸、硫酸等进入眼内时，应立即在现场找到水源如自来水、井水、河水，迅速冲洗眼睛 15 分钟以上。具体方法：将上眼皮尽量拉开，用水壶等倾注水流，使水柱直接流过眼球表面，一定要冲洗到眼球、眼皮内侧，决不可闭眼冲洗；或用脸盆盛满水，将面部直接浸入水中，连续做睁眼闭眼动作，或用力睁大眼睛，头部在水中左右轻轻摆动。冲洗完后，立即去医院急诊。

4. 若翻过眼皮仍未找到异物，或者异物可能是玻璃，就应该立即找医生解决了，此时要注意不可揉眼睛，更不要自己取，而是要用纱布覆盖眼膜即可，并且要抓紧时间。

需要注意的是：有时异物排出或取出后，眼睛仍感磨痛不适，好像还有异物，这是因为角膜上有伤，只要检查确实无异物，点些抗生素眼药水及眼药膏，很快就可恢复正常。

如果只是沙粒或小虫就比较简单，因为眼睛受到刺激会流眼泪，我们可以利用眼泪将异物冲出来，主要采取低头眨眼的方式即可。

小虫钻进耳朵怎么办？

野外宿营或者在公园游玩时，难免会有小虫爬进耳朵的事情发生，这时切忌用手抠，防止小虫在耳内乱爬，并越钻越深，伤害耳膜。

人的外耳道是一条一端开口的管道，长约2.5～3厘米。许多小虫尤其是小飞蛾、蚊子等容易飞进耳朵里，小虫在耳道内爬行骚动，由于耳道里的肉皮比较娇嫩，神经丰富，往往会给人们带来难以忍受的耳鸣声和痒痛感。当虫子触及耳道深处的鼓膜时，还会引起头晕、恶心、呕吐等症状。如果你不断地触动耳道或耳廓，只会使耳道内的虫子乱飞乱爬，增加痛苦。严重的会引起鼓膜外伤，损坏听小骨，影响听力。

小虫子钻进了耳朵里以后，就好像人们走进了又窄又黑的地洞里，在里面一个劲地乱冲乱撞。这时候，“受害者”心里一定很紧张，不由得害怕起来，一些好心人也赶去帮忙，你掏一下，我挖一下，忙乎了好一阵子，不一定起到好的效果。因为耳朵的洞很窄小，里面的鼓膜又薄又嫩，如果侥幸掏出了虫子来倒还幸运，如果掏不出来，那就麻烦了。小虫子会觉得屁股后面有东西在追它，就会一个劲地往里面钻，钻到鼓膜上，鼓膜就难免受到损伤。如果真的弄破了鼓膜，进医院倒是小事，如果伤害了听力，那将是一辈子令人痛心的大事。

那么应该怎么办呢？不必紧张。一旦有小虫子钻进耳朵里去，自己可以先歪一歪头往外倒几次，如果能够倒出来最好，如果倒不出来，也不要紧张。可利用某些小虫向光性的生物特点，在暗处用手电筒的光照射外耳道口，小虫见到亮光后一般会自己爬出来。另外，也可向耳朵眼里吹入香烟的烟雾，把小虫呛出来。

如果上述方法不奏效，也不要着急。我国古代医学书中有“百虫入耳，好酒灌之”，可见虫子是怕淹的，可以请别人往自己耳朵里滴几滴油。

方法是：侧卧使患耳向上，让别人从后耳内滴入一滴油（花生油、豆油、橄榄油、甘油均可）。油流进去后虫子就会慢慢地退出来，如果虫子没有退出来，也不要紧的，过一会儿，它就会被闷死在里面。当耳内的虫子停止挣扎后，再用温水冲洗耳道将虫子冲出或用棉签小心地掏出即可。

鱼刺刺入咽喉怎么办？

日常生活中，在吃东西时不小心被鱼刺、竹签、鸡骨、鸭骨等鲠住咽喉的意外常有发生。吃饭时，不小心被鱼刺卡喉怎么办？大口吞饭、喝醋，大部分人都会使用这些方法，以图通过饭团将鱼刺带入腹中，或是通过醋来软化鱼刺后将其带入腹中。这些常用的民间土方法正确吗？科学吗？

其实，被鱼刺卡住分很多种情况。一般来说，鱼刺卡在口咽部时，较小的鱼刺，有时随着吞咽，自然就可滑下去了。如果感觉刺痛，可用手电筒照亮口咽部，用小勺将舌背压低。仔细检查咽峡部，主要是喉咽的入口两边，因为这是鱼刺最容易卡住的地方，如果发现刺不大，扎得不深，就可用长镊子夹出。

在急救时，首先要有充足的光线，让光线直射到咽喉。因为鱼刺大多数刺在咽喉部，应该可以看到，并且大多一端暴露在外面，呈白色，另一端才是刺在肉里的。这时应嘱咐患者舌后缩，并发出“啊”音，然后仔细“寻找”鱼刺，若未发现，可休息一会再重复做，一定等看清楚，然后用镊子迅速地拔出鱼刺。若重复多次也未发现鱼刺，或卡在其他部位，则不可麻痹大意，应该立刻去医院请医生医治。

在遇到此问题时，还要注意以下几个问题：

1. 感到有鱼刺卡住咽喉部时，不要马上用手去挖，不要企图取出异物或者刺激咽喉部引起反射，致恶心呕吐并带出异物。因为这种做法很难取出异物，只能损伤周围软组织，把本来插入不深的鱼刺折断或插得更加深入。

正确做法：鱼刺刚卡住时，大多插入黏膜软组织不深，应该先保持镇静，轻轻作咳嗽动作，使气流冲击鱼刺脱离黏膜并吐出。如果不能吐出或咽下，家人又无专业知识或器械，则应尽早到有条件的医院检查并作相应的处理。尤其是小孩，如果时间过长，会引起发炎，并因周围软组织及间隙感染甚至脓肿形成，压迫呼吸道致窒息，危及生命。

2. 鱼刺进入食道时卡住，大口吃饭团，可能会使鱼刺卡得更深，增加取出异物的难度，严重的甚至会使鱼刺穿过食管，刺破主动脉弓而引起大出血，危及生命。

正确做法：去医院检查治疗，使用专业的医疗设备将鱼刺取出。因为如果鱼刺卡在食管第二狭窄处时，患者根本看不见，仅仅依靠常识去企图挖出也是徒劳，这个需要专业医生的指导，尤其是出现呕血，或者有黑便、严重贫血等情况的患者，否则可能会有生命危险。

3. 鱼刺卡在气管或支气管时，仅仅喝醋更是无济于事，因为醋很难软化鱼刺。即使软化外露部分，插入组织内部部分也不能软化。如果将其带入了气管或支气管更深的部位，则增加取出的难度。

正确做法：鱼刺卡住气管或支气管，主要是误吸引起的，虽然这种情况的发生几率甚微，但一旦发生，一定要即刻去医院检查治疗，不要延误治疗的最佳时机，避免引发气管炎、支气管炎甚至是肺炎。

异物进入气管怎么办？

气管是人体进行呼吸运动的主要通道。倘若有异物进入了气管，轻者会造成呼吸困难、气流不畅或有呛咳、呕吐、声音嘶哑、发憋，呼吸时会听到好像吹口哨的声音，口唇发紫等症状；重者则有可能使气管完全堵塞，造成窒息。异物停滞不前留在气管，可有阵发性咳嗽，呼吸时呼噜有声，咳时似有物体向上而咳不出，有不同程度的呼吸困难。异物长期存留刺激，还可引起肺气肿、肺炎、肺脓肿等并发症。

出现这种情况，首先是打“120”叫急救车，及时将患者送到医院，以免耽误最佳救助时机。但如果处于较偏僻的地方，远离医院，交通不便，则应自救。

如果异物位置不太深，可以直接从病人口腔清除。但因为手指灵活性和长度有限，有使异物嵌入更深的危险，所以最好用大注射器抽吸或吸引器抽吸，以将异物吸出。对于阻塞情况不太严重者，可以采取深吸气用力咳嗽排出异物的办法。通常情况下，在吸气后咳嗽所产生的压力要比一般咳嗽高出 4 ~ 8 倍。用这种方法，可以凭借空气的冲击将异物排出。

背部拍击法是一种简捷有效的急救方法。站立、侧卧或俯卧，然后让别人以手掌根部用力拍击自己两肩中间的脊柱 6 ~ 8 次，促进异物松动脱落而排出。注意要让头部低于躯干，并固定住头部使其不要过晃动。这种办法即便不能及时排出异物，也有可能让异物滑入左右两侧的支气管，缓解窒息，争取抢救时间。

此外也可以用推压腹部法或胸部冲击法。推压腹法是让人在背后用双臂环抱其上腹部，一手握拳，使拇指指关节突出并顶住腹部，另一手紧握此拳，然后向上、向内做 6 ~ 10 次连续快速的冲。胸部冲击法则是让别人在背后经腋下用双臂环抱其胸部，一手握拳，拇指侧顶住伤者胸前中下部，另一手紧握此拳向后做连续快速的冲击，直至异物排除。

如果经过上述急救后，仍不能使异物排出气管，应迅速前往医院急救。多数气管异物是可以预防的，吃东西时应注意安静，切勿说话、哭闹或发笑，因为哭笑，说话后深吸气，食物很容易吸入气管卡住。

晕车、晕船怎么办？

生活中常有些人坐上汽车后没多久就觉得头晕，上腹部不舒服、恶心、出冷汗，甚至呕吐；尤其当汽车急刹车、急转弯或突然起动时更厉害，下车休息片刻即可逐渐减轻或恢复。有的人这种晕车症状还可持续几天。这是怎么回事呢？

晕动症，即晕车病、晕船病、晕机病和由于各种原因引起的摇摆、颠簸、旋转、加速运动等所致疾病的统称。中国是世界“晕动症”发生率最高的国家之一，80%的人都曾经历过不同程度的晕动反应。这种疾病目前没有彻底治愈的办法，但选择有效的抗晕药能够很好地缓解痛苦。

晕动病的症状常为逐渐发展的，从胃部不适到恶心、出冷汗，最后到呕吐。晕动病是可以预防的，虽然每个人的体质和敏感程度不同，有些人特别地敏感，但还是有办法帮助这些容易晕车的人避免出现晕动病的情况。

1. 加强锻炼身体，加强前庭器官耐受性。晕动病多发生于前庭器官比较敏感的人。因此，平时多注意锻炼身体，多做转头、弯腰转身及下蹲等动作，以增加前庭器官的耐受性。

2. 吃得过饱、疲劳、睡眠不足、空气污浊、情绪紧张及汽油和油烟等特殊气味都可能促使晕动病的发生和症状加重，因此要避免这些不良因素。

3. 特殊的前庭训练。可通过康复训练预防晕动病，如反复多次乘船、乘车训练，以提高前庭器官对不规则运动的适应能力。此外，害怕晕车的人可以经常参加一些活动，特别是有助于调节人体位置平衡的体育项目，如秋千、滑梯、单双杠、垫上滚翻等运动项目，能提高前庭器官的适应能力。

4. 乘车、乘船时应尽量限制头部运动，可将头靠在背椅上固定不动，以减少加速度的刺激，特别是旋转性刺激。有可能的话，尽量平卧。

五、避免不良的视觉刺激。乘车时少往窗外观看，坐车、坐船时看书更容易诱发晕动病，因此闭目养神可减少晕动病的发生。

乘车前可服用一些晕车药，以预防晕动病。抗胆碱类药物对大脑皮层有抑制作用，可阻止眩晕和呕吐。

室内空气差怎么办？

应当看到，室内空气污染正严重影响人类的健康。美国专家检测发现，在室内空气中存在500多种挥发性有机物，其中致癌物质就有20多种，致病病毒200多种。危害较大的主要有：氡、甲醛、苯、氨以及酯、三氯乙烯等。大量触目惊心的事实证实，室内空气污染已成为危害人类健康的“隐形杀手”，也成为全世界各国共同关注的问题。

冬季室内开窗换气频率大大降低，空气不流通容易造成二氧化碳、二氧化硫等有毒有害气体的增加，全国大部分地区近日遭遇了寒潮降温天气，当前随着天气日渐寒冷，不少家庭为了保暖，把门窗关得严严实实、密不透风。这样就让室内的空气质量更差。那么，怎样净化冬季室内的空气保证健康呢？

气象部门提醒：室内如不通风换气，极容易造成室内空气污染，对人体健康十分不利。因此冬季要注意及时净化室内空气。有关气象专家指出，要净化室内空气，减少污染，应着重做好以下几点：

1. 每天定时开窗通风，保持室内空气新鲜。有条件的学校和家庭，以每天早、中、晚三次各通风20分钟为宜。实验表明，室内每换气一次，可除去室内空气中60%的有害气体。

2. 选择适合的室内空气净化器，经常进行室内空气净化和消毒。在流行感冒高发时期，可以用醋来净化空气，因为醋挥发在空气中有杀菌的作用；或在室内养花种草，以增加室内空气的湿度。

3. 保持合适的室内温度，避免室内外温差过大。按照国家标准，室温控制在16～24摄氏度为宜。

4. 增加室内湿度。冬季最适宜的室内湿度为30%～60%。可以选用加湿器，也可在暖气片上放一小水槽。

5. 对居住的环境要经常打扫，防止室内空气中的细菌超标。特别是有病人的家庭、儿童房间和饲养宠物的家庭，应该请专门机构进行室内细菌检测。

农药中毒了怎么办？

农药中毒，是指农药进入人体后超过最大忍受量，人的正常生理功能受到影响，使生理失调，病理改变等。其主要症状有：呼吸障碍、心搏骤停、休克、昏迷、痉挛、激动、烦躁不安、疼痛、肺水肿、脑水肿等。

目前农业杀虫剂使用最广泛的为有机磷农药，毒性极强，使用时如保护不周接触皮肤，或喷洒时吸入，或误服均可引起中毒。有机磷农药可经过皮肤、呼吸道、消化道侵人人体引起中毒。大多数中毒者是由于对农药毒性缺乏认识，麻痹大意或缺乏防护措施，在保管、分装、配药、使用时经皮肤或呼吸道吸入而中毒的。有的人甚至违犯农药保管制度，将农药与食品存储在同一库内，造成食品污染引起大面积中毒；少数中毒是因误服而发生。

农药中毒症状出现的时间，最早为接触毒物后半小时，最晚的是三小时后，患者感到头晕、头痛、烦躁不安、恶心且大量出汗，不想吃东

西、呕吐、流口水、腹痛、大小便失禁，甚至发生抽痉等现象。严重的面色苍白，瞳孔缩小，视物模糊，痰和鼻涕等分泌物堵塞呼吸道而致呼吸困难，可引起肺水肿，导致昏迷、惊厥而死亡。

针对紧急的情况，我们如何进行急救呢？

1. 尽快让中毒者离开现场，根据中毒者情况采取相应的措施，对中毒严重者采取急救措施后带上农药包装物或标签尽快就近送医院治疗。

2. 如果中毒者呼吸停止，应及时进行人工呼吸，直到中毒者能自主呼吸为止。对农药熏蒸剂中毒者只能给氧，禁止人工呼吸。

3. 农药沾染皮肤的，应脱去被农药污染的衣服，用清水及肥皂（不要用热水）充分清洗被污染的部位。清洗后用洁净的布或毛巾擦干，穿上干净衣服并注意保暖。受敌百虫污染的，不能用肥皂，以免敌百虫遇碱后转化为毒性更高的敌敌畏。

4. 眼睛被溅入药液或撒进药粉的，应立即用大量清水冲洗。冲洗时把眼睑撑开，一般要冲洗 15 分钟以上。清洗后，用干净的布或毛巾遮住眼睛休息。

5. 吸入农药，身体感到不适时，应立即到空气新鲜、通风良好的安全场所，脱去被农药污染的衣物等，解开上衣钮扣和松开腰带，使呼吸畅通。用干净水漱口和肥皂水洗手、洗脸，注意身体保暖。

6. 吞服农药引起中毒的，吞服量较大时，一般应立即催吐或洗胃，而不要先用药物治疗。如吞服农药量度少或难于催吐，一般采用无机盐类泻药。

煤气中毒怎么办？

煤气中毒是指一氧化碳中毒，因为一氧化碳无色无味，一旦产生不易被我们发现，尤其处在睡眠中，一氧化碳会不知不觉地侵入呼吸道，通过肺泡的气体交换进入血液，散布全身，造成中毒。因为它可以影响氧气的吸收和转运，所以，中毒后轻者会感觉到头晕、耳鸣、眼花、四肢无力；较重者会出现恶心、呕吐、烦闷甚至神经受到麻痹而不能动弹；再严重时就会引起昏迷、惊厥、大小便失禁、呼吸困难等。当血液中的一氧化碳和血红蛋白结合的程度达到70% ~80%时，人就会迅速死亡。

一旦发生煤气中毒事件，我们可以参考以下事项：

1. 应尽快让患者离开中毒环境，转移至户外开阔通风处，并立即打开门窗，流通空气。一定要注意的是：在保证中毒环境空气流通前，禁止使用易产生明火、电火花的设备，如电灯、电话、手机、电视、燃气灶、手电筒、蜡烛等，防止一氧化碳浓度过高遇明火发生爆炸。

2. 松解衣扣，保持呼吸道通畅，清除口鼻分泌物，保证患者有自主呼吸，充分给以氧气吸入。

3. 患者应安静休息，避免活动后加重心、肺负担及增加氧的消耗量。

4. 神志不清的中毒病人必须尽快抬出中毒环境，在最短的时间内，检查病人呼吸、脉搏、血压情况，根据这些情况进行紧急处理。

5. 若呼吸心跳停止，应立即进行人工呼吸和心脏按压。

6. 病情稳定后，尽快将病人护送到医院进一步检查治疗。但记住，即使患者中毒程度较轻脱离危险，或症状较轻，也应尽快到医院检查，进行注射葡萄糖、维生素C，吸氧等治疗，减少后遗症危险。切记避免因一时脱离危险而麻痹大意，不去医院诊治导致出现记忆力衰退、痴呆等严重后遗症。

7. 争取尽早进行高压氧舱治疗，减少后遗症。即使是轻度、中度，也应进行高压氧舱治疗。

为防患于未然，我们要积极做好煤气中毒的预防：必须合理的使用煤炉。公安机关每年都要处理大量煤气中毒事件，有经验的民警提醒说，居民在安装炉具（含土暖气）时，要检查炉具是否完好，如发现有破损、锈蚀、漏气等问题，要及时更换并修补；要检查烟道是否畅通，有无堵塞物；烟囱的出风口要安装弯头，出口不能朝北，以防因大风造成煤气倒灌；烟囱接口处要顺茬儿接牢（粗口朝下、细口朝上），严防漏气；屋内必须安装风斗，要经常检查风斗、烟道是否堵塞，做到及时清理；每天晚上睡觉前要检查炉火是否封好、炉盖是否盖严、风门是否打开。

另外，建议在可能产生一氧化碳气体的地方安装一氧化碳气体报警器，当空气中一氧化碳气体超标时，可以声光报警，提醒人们及早采取避险措施。

怎样判断缺少哪种维生素？

维生素是人体营养、生长所需的有机化合物。机体如果缺乏维生素，就会出现某种疾病。因此有些人认为维生素是营养素，摄入是“多多益善”。人需要维生素越多越好吗？答案是否定的。合理营养的关键在于“适度”。过多摄入或者缺乏某些维生素，对身体不仅无益反而有害。例如正常人每日需要维生素 C50～100 毫克，维生素 A2500～3000 国际单位，维生素 D300～400 国际单位。

下面逐一介绍缺少某一类维生素是的症状及补充方法：

1. 缺乏维生素 A 时，眼睛干燥畏光、多泪、视觉模糊，皮肤干粗。应多服用胡萝卜、动物肝脏、鸡蛋、牛奶等；常看电视者与心血管疾病患者宜多食用。

2. 缺乏维生素 B_1 时，手脚发麻、气色不佳、消化不良、患有多发性神经炎和脚气病。应多食糙米、赤豆、番茄、花生等食品。

3. 缺乏维生素 B_2 时，容易患口角炎、舌炎、唇炎、眼炎、皮肤炎症、继发性贫血。应补充面粉、小米、花生、豆类、肉类、蛋类等食品。

4. 缺乏维生素 B_3 时，容易失眠、口臭、无原因的头痛、精神倦息。应补充维生素 B_3 片剂。

5. 缺乏维生素 B_5 时，易患皮炎、腹泻、神经炎。应多服牛奶、鸡蛋和新鲜蔬菜。

缺乏维生素 B_6 时，容易肌肉痉挛、外伤不愈合、妊娠过度恶心呕吐。应补充维生素 B_6 片剂。

6. 缺乏维生素 B_{12}时，会食欲不振、记忆力不佳、精神不集中、毛发稀黄、皮肤苍白。应多服动物肝脏、酵母。

7. 缺乏维生素 C，易鼻衄、牙龈肿痛、口干舌燥、容易感冒、伤口不易愈合。应多食用萝卜、豆芽、桔子、山楂等各种蔬菜水果。

8. 缺乏维生素 D 时，容易头部多汗，儿童易患佝偻病，成人骨质软化。应多晒太阳，服用鱼肝油。

9. 缺乏维生素 E 时，容易四肢乏力，易出汗、皮肤干燥、头发分叉、精神紧张及痛经。应多食各种绿叶蔬菜、植物油。

10. 缺乏维生素 K 时，会出血难止、血液难凝。应多食用蔬菜、鱼肉。

如何预防空调病？

空调给人们带来舒爽的同时，也带来的一种“疾病”。长时间在空调环境下学习工作的人，因空气不流通，环境得不到改善，会出现鼻塞、头昏、打喷嚏、耳鸣、乏力、记忆力减退等症状，以及一些皮肤过敏的症状，如皮肤发紧发干、易过敏、皮肤变差等等。这类现象在现代医学上称之为“空调综合症”或“空调病”。

那么，我们应该如何预防空调病呢？

1. 使用空调必须注意通风，每天应定时打开窗户，关闭空调，增气换气，使室内保持一定的新鲜空气，且最好每两周清扫空调机一次。

2. 从空调环境中外出，应当先在有阴凉的地方活动片刻，在身体适应后再到太阳光下活动；若长期在空调室内者，应该到户外活动，多喝开水，加速体内新陈代谢。

3. 空调室温和室外自然温度相差不宜过大，以不超过5度为宜，夜间睡眠最好不要用空调，入睡时关闭空调更为安全，睡前在户外活动，有利于促进血液循环，预防空调病。

4. 在空调环境下工作、学习，不要让通风口的冷风直接吹在身上，大汗淋漓时最好不要直接吹冷风，这样降温太快，很容易发病。

5. 严禁在室内抽烟。

6. 应经常保持皮肤的清洁卫生，这是由于经常出入空调环境、冷热突变，皮肤附着的细菌容易在汗腺或皮脂腺内阻塞，引起感染化脓，故应常常洗澡，以保持皮肤清洁。

7. 使用消毒剂杀灭与防止微生物的生长。

8. 增置除湿剂，防止细菌滋生。

9. 不要在静止的车内开放空调，以防汽车发动机排出的一氧化碳回流车内而发生意外，即一氧化碳中毒。

10. 学习工作场所注意衣着，应达到空调环境中的保暖要求。

空调病的预防主要是上述10条，若出现感冒发热、肺炎、口眼歪斜时，就要及时请医生诊断治疗。